Organização de Tiago Cordeiro

os DEZ mandamentos
O LIVRO SAGRADO QUE ORIGINOU TODAS AS LEIS

Texto original

1ª. edição • BRASIL • 2016

Editora escala

Editora escala

Título Original
Os Dez Mandamentos - O Livro sagrado que originou todas as leis
Copyright © Editora Escala Ltda. 2016

ISBN 978-85-389-0217-1

Direção Editorial Ethel Santaella
livrosescala@escala.com.br

Organização Tiago Cordeiro
Projeto Gráfico e Diagramação We2 Estúdio
Pesquisa Iconográfica Thaisi Lima
Tradução Ciro Mioranza
Revisão Maria Nazaré Baracho

Dados Internacionais de Catalogação na Publicação (CIP)
(Câmara Brasileira do Livro, SP, Brasil)

Os Dez Mandamentos : o livro sagrado que originou todas as leis / organização de Tiago Cordeiro. -- 1. ed. -- São Paulo : Editora Escala, 2016.

ISBN 978-85-389-0217-1

1. Dez Mandamentos 2. Espiritualidade 3. Vida cristã I. Cordeiro, Tiago.

16-01767   CDD-241.52

Índices para catálogo sistemático:

1. Dez Mandamentos : Teologia moral   241.52

Todos os direitos reservados. Nenhuma parte deste livro pode ser reproduzida por quaisquer meios existentes sem autorização por escrito dos editores e detentores dos direitos.
Av. Profª. Ida Kolb, 551, Jardim das Laranjeiras, São Paulo, CEP 02518-000
Tel.: +55 11 3855-2100 / Fax: +55 11 3857-9643
Venda de livros no atacado: tel.: +55 11 4446-7000 / +55 11 4446-7132
vendas@escala.com.br * www.escala.com.br

Impressão e acabamento:
Gráfica Oceano

índice

1ª PARTE
A libertação do Egito

CAPÍTULO 1	A escravidão dos israelitas no Egito	15
CAPÍTULOS 2 A 6	A história e a vocação de Moisés	16
CAPÍTULOS 7 A 13	As dez pragas que atingiram o Egito	23
CAPÍTULO 12	A celebração da Páscoa no Egito	32
CAPÍTULOS 13 A 15	a partida e a passagem do mar Vermelho	36

2.ª PARTE
Israel no deserto

CAPÍTULOS 15 A 18		43

3.ª PARTE
A Aliança no monte Sinai

CAPÍTULOS 19 E 20	A Aliança e o decálogo	49
CAPÍTULOS 20 A 23	Prescrições complementares ao decálogo	51
CAPÍTULO 24	conclusão e ratificação da Aliança	57

4.ª PARTE
Prescrições sobre o santuário e seus ministros

CAPÍTULOS 25 A 31		59

5.ª PARTE
Ruptura e renovação da Aliança

CAPÍTULOS 32 A 33	Ruptura da Aliança	73
CAPÍTULO 34	renovação da Aliança	77

6.ª PARTE
Construção do santuário

CAPÍTULOS 35 A 40		81

EPÍLOGO

TV E CINEMA		92

As tábuas das nossas leis

O Direito surgiu muito antes dos hebreus. Os babilônios deram o tom ao estabelecer normas claras a respeito da justiça: olho por olho, dente por dente, um slogan repetido pelos autores da Bíblia. Os romanos vieram vários séculos depois, com todo o arcabouço, ainda hoje muito moderno, de códigos tributários, civis e criminais. Mas existe algo no texto bíblico que influencia o ocidente cristão e o mundo muçulmano mais do que qualquer outro povo, por mais poderoso e brilhante que ele tenha sido. Mais do que uma lista de regras, muitas delas absurdas e defasadas aos olhos modernos, os hebreus deixaram como legado todo um código de ética e de comportamento. As tábuas da lei, gravadas em pedra com os Dez Mandamentos, estão no centro desta herança que se mostra mais duradoura a cada dia que passa, a cada filme que chega aos cinemas.

O texto que apresenta o Decálogo é conciso e direto em alguns casos e longamente detalhado em outros. Uma lista de quatro versículos formada por "Não matarás"; "Não cometerás adultério"; "Não furtarás" e "Não dirás falso testemunho contra teu próximo" surge pouco depois de um longo "Não farás para ti ídolos, nem representação alguma do que existe lá em cima no céu ou aqui embaixo na terra, ou nas águas debaixo da terra. Não te prostrarás diante delas nem lhes prestarás culto, porque eu, o Senhor, teu Deus, sou um Deus ciumento que vinga a iniquidade dos pais nos filhos, nos netos e bisnetos daqueles que me odeiam, mas uso de misericórdia até a milésima geração com aqueles que me amam e guardam meus mandamentos."

A irregularidade no tamanho dos textos de cada uma das leis sugere que neste trecho, como em todo o relato bíblico, o que se lê é resultado do trabalho de uma série de editores. Também indica quais pontos são menos importantes para os autores: os códigos de comportamento entre os seres humanos não têm o mesmo valor do que as regras de relacionamento das pessoas com a divindade. E é por isso que os mandamentos que se enquadram no segundo caso são retomados e repetidos à exaustão em outros trechos. É o caso da proibição de trabalhar aos sábados, apresentada nada menos do que outras quatro vezes apenas no Êxodo, o livro de 40 capítulos que traça a origem das duas tábuas sagradas – outros livros, somados, mas principalmente o Levítico e o Deuteronômio, apresentam mais de 600 leis e normas, que tratam inclusive das regras para um hebreu ter escravos ou manter mais de uma esposa.

Para a posteridade, foram as ordens curtas que permaneceram no código de ética das três religiões monoteístas, o judaísmo, o cristianismo e o islamismo, e todo o universo humano influenciado por elas. O adultério, a cobiça, o desrespeito para com os pais, a mentira contada com o objetivo de prejudicar o próximo... Se não são comportamentos ilegais, são muito mal vistos e considerados socialmente condenáveis.

Provocar tamanho impacto na rotina de metade do planeta é um feito impressionante para um povo que, a bem da verdade, nunca foi populoso, nem poderoso, muito pelo contrário: foi escravo por muito mais tempo do que os curtos períodos em que controlou seu próprio território independente. Política e militarmente irrelevantes diante de assírios, persas e macedônios, entre outros povos que os dominaram, os hebreus mudaram a história com uma invenção profundamente impactante: uma religião monoteísta registrada e transmitida por escrito.

Biblioteca definitiva

Foi na Idade Média que a Bíblia se tornou um único livro, consolidado e, do ponto de vista dos cristãos, organizado em Antigo e Novo Testamentos. Para os autores da época, que escreviam usando tintas vegetais sobre rolos de papiros, os textos sagrados formavam um plural, elaborado, compilado e ajustado ao longo de pelo menos duzentos anos, do século 7 a.C. ao 5 a.C. Os leitores desta época tinham nesta biblioteca tudo de que precisavam: explicações para a origem do mundo; relatos detalhados sobre as origens dos hebreus, seus heróis, seus reis e profetas; códigos de conduta detalhados, para leigos e sacerdotes. Também inclui hinos, orações e poesias, algumas de teor erótico inclusive.

Está tudo ali. Incluindo a vida de Javé e sua relação conturbada com a humanidade: ele cria um casal, coloca os dois em um jardim idílico, acaba por expulsá-los, vê as pessoas se multiplicarem e disseminarem a maldade. Elimina a quase todos usando um dilúvio – recurso literário dos mais comuns entre as mais diferentes mitologias da Antiguidade. Recomeça tudo a partir de uma única família e acaba por eleger um povo, dentre todos os demais, para instruir, guiar e liderar. Reduz largamente seu escopo de atuação, portanto. Neste sentido, recomeça mais uma vez, agora com Abraão, e protege José, vendido ao Egito como escravo por seus próprios irmãos e que acaba se tornando figura de referência para o faraó.

É José quem facilita a chegada amigável dos hebreus para o país das pirâmides. Até que eles se multiplicam, se tornam milhares e os faraós se sucedem uns aos outros, de maneira a memória de um passado respeitoso acaba borrada e o povo de Abraão se torna escravo. Seria preciso que um ancião gago de 80 anos, criado dentro do palácio do rei e que passara boa parte da vida muito longe de seu povo, aceitasse se comportar como um emissário de Javé em uma missão que parecia absurda: retirar o povo do Egito e segui-lo em liberdade em terras desérticas até alcançar uma terra miraculosa, onde correm leite e mel.

Profeta inseguro

Moisés recebeu as tábuas dos mandamentos, e duas vezes. A primeira versão ele destruiu porque, depois de 40 dias isolado e em contato com Deus, descobriu que o povo havia se portado de maneira vergonhosa, construindo um bezerro de ouro para adorar. Isso depois de realizar feitos famosos e espetaculares: ele lança dez pragas terríveis sobre o Egito, que incluem a morte dos primogênitos de todos os homens e animais do país inteiro. Abre o mar para que seu povo passe a pé. Providencia, com seu cajado, água e alimentos no meio do deserto, ao longo de 40 anos.

Tudo, no relato do Êxodo, é estrondoso. Rãs e gafanhotos tomam conta do Egito, que vê as águas do Nilo virarem sangue e passa três dias numa escuridão tamanha que ninguém se atreve a sair do lugar. Já os Dez Mandamentos são apresentados ao povo "diante dos trovões e dos relâmpagos, do som da trombeta e do monte fumegando". Javé aparece como uma sarça que queima sem se consumir, mas também como uma coluna de fumaça durante o dia e de fogo à noite. Há muito sangue também. Para punir o povo infiel, Moisés manda matar 3 mil homens. Bois são sacrificados, seu sangue drenado e aspergido sobre as pessoas.

Mas alguma coisa incomoda na história de Moisés. Ele é gago e, num primeiro momento, pede a Javé que o dispense da missão. Seu irmão, braço direito e porta-voz, Aarão, é o homem que não só autoriza como orienta a construção do bezerro dourado. O faraó, nunca nominado, parece personagem das tragédias gregas escritas séculos depois, tamanha é a falta de alternativas que ele tem diante de seu destino previamente traçado (neste caso, por Deus). Ele recebe o Egito com os escravos já instalados. Acredita em seus próprios deuses. Mesmo sendo um rei inquestionável, nunca seria perdoado por seus ministros se aceitasse uma reivindicação que, do seu ponto de vista, é absurda.

Ainda assim, o faraó tenta proteger seu povo deste Javé raivoso e cruel. Todas as vezes, Deus endurece seu coração e o faz manter os hebreus escravizados – era preciso que a demonstração de poder continuasse. Mesmo quando ele, finalmente, decide liberar o povo escravo, é o deus hebreu quem induz o rei egípcio a iniciar uma perseguição que acaba com a morte no mar. O plano do Criador é claro, e não dá nenhuma margem de manobra para o governante do Egito. "Endurecerei o coração do faraó e ele vos perseguirá", Ele diz a Moisés, "mas eu triunfarei com glória, derrotando o faraó e todo o seu exército. E os egípcios saberão que eu sou o Senhor".

Baseado em fatos reais

As façanhas de Javé e de seu profeta inseguro formam o pano de fundo para a apresentação detalhada não só das normas de conduta, mas das regras que determinam desde a construção da Arca da Aliança, projetada para abrigar as tábuas de pedra com a lei, até o tipo de tecido, as cores e os adornos dos sacerdotes. Visivelmente, para os autores do livro sagrado, é este o aspecto que mais importa: o texto é formatado para que o povo não saia da linha e não esqueça quem manda – Deus, e só ele. Mas, ao longo dos séculos, teólogos, tradutores, historiadores e arqueólogos se debruçaram sobre o livro original, buscando comprovar que todo o relato aconteceu, de fato, em algum momento bem localizado no tempo e no espaço.

Moisés teria vivido, concluíram alguns pesquisadores, em algum momento entre 1592 a.C. e 1250 a.C. O faraó, dizem outros, só poderia ser Ramsés II. Cada uma das pragas já foi explicada como uma sequência de acontecimentos naturais que, em situações excepcionais, poderiam de fato acontecer. O mar da travessia do povo hebreu foi procurado por todo o norte da África e boa parte do Oriente Médio. Para cada um dos vários candidatos, existe uma explicação geográfica diferente para a façanha da travessia a pés secos. O físico americano Carl Drews, cristão declarado e pesquisador do Centro Nacional de Pesquisas Atmosféricas, chegou a recriar a divisão da água em laboratório. Para ele, é possível que ventos a 100 km/h, soprando ininterruptamente por 12 horas em um ponto específico a leste do delta do Rio Nilo, poderiam abrir uma brecha de tamanho respeitável. A verdade é que, por melhores que sejam as intenções desse corpo de especialistas, nada disso se sustenta.

Toda vez que um povo da antiguidade conta a biografia de um de seus reis, a historiografia busca, nos relatos dos povos vizinhos, a comprovação de que ele de fato existiu. Não há nada parecido com isso no caso de Moisés – ou mesmo Noé, Abraão, Isaac, Jacó. Aliás, os registros do antigo Egito, bastante conhecidos e detalhados, indicam que as pirâmides não eram construídas por escravos, mas por trabalhadores pagos, ainda que o salário consistisse em pão e cerveja. A maior parte das pirâmides, aliás, foi concluída antes de 1750 a.C., muito antes da época em que Moisés teria vivido. E mais: Ramsés II não morreu no mar, mas em seu palácio. Nem seria de se imaginar que um povo formado por milhares de pessoas, andando por um deserto ao longo de 40 anos, não deixaria nenhum tipo de registro arqueológico. Os 40 anos, aliás, seriam mais do que suficientes para atravessar a região várias vezes. Parecem indicar muito mais um tempo de provação e amadurecimento imposto ao povo do que uma datação real.

O curioso é que a descrição de fatos, na Bíblia, é detalhada o suficiente para fornecer pistas para os historiadores, e a frustração de perceber que elas não levam a lugar algum não é fácil de digerir. Cidades egípcias são citadas, genealogias inteiras apresentadas. O mais provável é que o relato factual do Êxodo, mas também dos demais livros do Antigo Testamento, forme uma espécie de mitologia baseada no exagero de alguns acontecimentos reais. Moisés, por exemplo, pode ser o resultado da fusão das biografias de uma série de líderes, que poderiam ter vivido em tempos diferentes – com algumas inserções vindas do caldo cultural daquele contexto: no reino da Acádia, na Mesopotâmia, desde 2300 a.C. já se contava uma lenda a respeito do rei Sargão, que, quando bebê, ele teria sido colocado em um cesto para ser salvo e criado por uma família nobre, exatamente como no relato bíblico a respeito do profeta. A fuga do Egito pode fazer referência aos momentos em que os hebreus invadiam as bordas do império vizinho, para plantar nos pântanos formados pelas cheias do Nilo. Numa dessas ocasiões, é possível que o grupo, muito menor do que o descrito na Bíblia, tenha conseguido escapar de uma pequena força militar de fronteira. Daí para o mar formando paredes e um povo caminhando diante de uma coluna de fumaça é um pequeno passo para as penas dos autores.

De toda maneira, este debate, em vários sentidos, é inócuo. Moisés dificilmente existiu de fato. Mas os Dez Mandamentos são uma realidade muito palpável. Eles habitam não só nossos códigos de conduta, mas nosso imaginário.

Referência para as artes

Por mais que Javé peça que não sejam feitos ídolos, nem mesmo para si, Moisés é retratado pelas artes há dezenas de séculos. Imagens do profeta se disseminaram, principalmente a partir do Renascimento europeu, que retratou o resgate do bebê no Egito, os diálogos com o faraó, as pragas, a travessia do Mar Morto, as tábuas da lei, o famoso bezerro de ouro e a cena, ao fim da vida, em que os hebreus vencem uma batalha porque Moisés mantém os braços para cima por um dia inteiro – se ele os baixasse, seu exército seria derrotado.

Nesta época, ele aparece com chifres em pinturas e esculturas. Culpa de São Jerônimo: a Bíblia Vulgata, que ele traduziu para o latim no século 4, continha um erro de tradução. O texto original dizia que Moisés desceu do Monte Sinai radiante ("karan", em hebraico), mas o santo entendeu "keren", ou "com chifres".

Na literatura, Moisés é foco de uma novela de Thomas Mann, chamada A Lei, e alvo de um artigo fundamental de Sigmund Freud, Moisés e o Monoteísmo. Winston Churchill usou o exemplo do profeta em um ensaio, publicado em 1931, para pedir para a Inglaterra uma liderança mais forte e carismática para os tempos difíceis que viriam.

Mas é o cinema o veículo que, nos séculos 20 e 21, vem explorando com mais propriedade os detalhes espetaculares do texto bíblico. Já em 1923, uma superprodução inspirada no livro do Êxodo chegou aos cinemas pelas mãos do diretor Cecil B. DeMille. Em 1956, o mesmo DeMille dirigiu um remake clássico, também batizado Os Dez Mandamentos, indicado para sete Oscars. Desde então, as versões se sucedem, até chegar ao ousado Êxodo: Deuses e Reis, em que o diretor Ridley Scott coloca o profeta na posição de porta-voz insatisfeito de um Deus cujas atitudes beiram a violência insana e criminosa.

Moisés já foi interpretado por Charlton Heston, Burt Lancaster e Ben Kingsley – e, no Brasil, por Guilherme Winter, protagonista da novela da TV Record que foi editada e levada aos cinemas. É sintomático da mentalidade de Hollywood o fato de que dois atores que interpretaram o profeta, Val Kilmer e Christian Bale, o fizeram poucos anos depois de viver o super-herói Batman. O aristocrata mascarado, que ganha a vida perseguido bandidos, pode ter muito pouco a ver com o hebreu nascido escravo, educado como nobre e que terminou a vida aos 120 anos, às portas da Terra Prometida. Mas algo no texto do Gênesis, escrito por um povo discreto, em uma língua de difícil acesso para os latinos, há tantos séculos, faz de Moisés um herói improvável, mas tão espetacular quanto o vingador mascarado dos quadrinhos. A história e as leis do Êxodo se mantêm assim: capaz de impressionar corações e mentes.

Tiago Cordeiro

Afresco de Agnolo Bronzino (1542) reproduz a travessia do Mar Vermelho – Palazzo Vecchio, em Florença, Itália

Introdução ao livro do Êxodo

O livro do Êxodo narra a saída do povo israelita do Egito, iniciando a caminhada para retornar à terra dos patriarcas mencionados no livro anterior do Gênesis, terra prometida a Abraão e à sua posteridade, cuja ocupação fora interrompida pela migração para o Egito de Jacó e seus filhos, numa época de grande seca e carestia. Passados os tempos de convivência pacífica e amigável com os egípcios no país destes, os hebreus são escravizados.

Surge então um grande líder, Moisés, que recebe a incumbência diretamente de Deus para libertar seu povo da servidão do Egito. A duras penas, após muitos encontros com o faraó, acompanhados de prodígios e de dez pragas sucessivas, é que Moisés consegue permissão para deixar o Egito com todo o seu povo. Perseguidos pelos exércitos do faraó, arrependido pela permissão concedida a um povo escravo, os israelitas atravessam o mar Vermelho, chegando ao deserto do Sinai.

Se o primeiro tema deste livro é a libertação do jugo egípcio, o segundo descreve o grande momento da proclamação da Aliança de Deus com seu povo no monte Sinai, celebrada solenemente ao sopé do mesmo, com um holocausto de grandes proporções. Logo após a conclusão desse pacto solene, o mesmo é violado, vendo-se o povo deleitar-se em cultuar um bezerro de ouro. Moisés desce do monte Sinai, onde permanecera em contato com Deus durante quarenta dias, quebra as tábuas da Lei, castiga o povo, mas intercede por ele junto a Deus. A Aliança é renovada. Moisés torna a subir a montanha para receber novas tábuas da Lei que representavam o sinal visível desse pacto celebrado entre Deus e seu povo.

O restante do livro do Êxodo apresenta textos legislativos, contendo prescrições de cunho social e religioso, delongando-se em descrever todas as particularidades da construção da arca da Aliança, onde eram guardadas as tábuas da Lei, e do santuário, ou tenda móvel, para os serviços de culto durante a caminhada pelo deserto.

Os fatos descritos neste livro devem ter ocorrido entre os anos de 1250 e 1230 antes de nossa era. Como foi assinalado na introdução sobre o Pentateuco, a elaboração final do livro é de data bem posterior e se vale de diversas fontes escritas e orais.

Supõe-se que o texto final, como chegou até nós, tenha sido elaborado por volta do ano 450 antes de Cristo.

Vitral retrata trecho bíblico em que Moisés é encontrado no Nilo – Catedral de Bruxelas, Bélgica

FOTO: JORISVO / SHUTTERSTOCK

Anrão e sua tia Jocabed casaram e tiveram um filho chamado Moisés. Mas a criança nasceu com uma sentença cruel: para evitar a multiplicação dos escravos, já muito numerosos, o faraó havia mandado matar todos os recém-nascidos homens.

A libertação do Egito

Prosperidade dos hebreus no Egito

1 ¹ Estes são os nomes dos filhos de Israel que entraram no Egito com Jacó, cada um com sua família: ²Rubem, Simeão, Levi e Judá; ³ Issacar, Zabulon e Benjamim; ⁴ Dan, Neftali, Gad e Aser. ⁵ Os descendentes de Jacó eram ao todo setenta pessoas. José já estava no Egito. ⁶ José faleceu, bem como todos os seus irmãos e toda aquela geração. ⁷ Os filhos de Israel se tornaram fecundos, se multiplicaram e se tornaram tão numerosos e poderosos que o país ficou repleto deles.

Opressão dos hebreus no Egito

⁸ Subiu ao trono do Egito um novo rei que não tinha conhecido José ⁹ e disse a seu povo: "Eis que os israelitas se tornaram mais numerosos e fortes do que nós. ¹⁰ Vamos usar de nossa astúcia para que não se multipliquem mais ainda e, em caso de alguma guerra, se aliem com nossos inimigos, lutem contra nós e depois se retirem do país." ¹¹ Impuseram então sobre os israelitas feitores que os exploravam com trabalhos forçados. Eles construíram para o faraó as cidades de Piton e Ramsés, entrepostos comerciais. ¹²Quanto mais os afligiam, porém, mais se multiplicavam e cresciam, de tal modo que se tornaram um pesadelo para os egípcios. ¹³ Por causa disso, os egípcios lhes impuseram a mais dura servidão ¹⁴ e lhes amarguravam a vida com penosos trabalhos na preparação de argila, na fabricação de tijolos, com todo o tipo de trabalho nos campos e com toda tarefa que lhes era imposta com tirania. ¹⁵ O rei do Egito passou às parteiras dos hebreus [uma delas se chamava Séfora e outra Fua] ¹⁶ esta ordem: "Quando assistirdes às hebréias a dar à luz em seus leitos, se for menino, matai-o, mas se for menina, deixai-a viver." ¹⁷ As parteiras, porém, temeram a Deus e não fizeram o que o rei do Egito lhes havia ordenado e deixaram também os meninos viver. ¹⁸ Então o rei do Egito chamou as parteiras e lhes disse: "Por que fizestes isto, deixando os meninos viver?" ¹⁹ As parteiras responderam ao faraó: "As mulheres hebréias não são como as egípcias, pois elas são vigorosas e dão à luz antes que a parteira chegue." ²⁰ Deus favoreceu as parteiras e o povo continuou se multiplicando e se difundindo. ²¹ Como as parteiras temeram a Deus, ele lhes deu famílias prósperas e numerosas. ²² Então o faraó deu esta ordem a todo o seu povo: "Todo menino que nascer, jogai-o no rio Nilo; se for menina, deixai-a viver."

> "As mulheres hebréias não são como as egípcias, pois elas são vigorosas e dão à luz antes que a parteira chegue."

Nascimento de Moisés

2 **1** Um homem da tribo de Levi casou com uma mulher da mesma tribo; **2** ela concebeu e deu à luz um filho. Vendo que era lindo, o escondeu por três meses. **3** Não conseguindo escondê-lo por mais tempo, tomou uma cesta de juncos e a revestiu com betume e piche. Colocou dentro dela o menino e a deixou entre os juncos à margem do rio.

4 A irmã do menino se postou a alguma distância para ver o que haveria de acontecer. **5** A filha do faraó desceu para banhar-se no rio e suas criadas passeavam pela margem. Ela viu a cesta entre os juncos e mandou a criada apanhá-la. **6** Ao abrir o cesto, viu um menino que chorava. Movida de compaixão, disse: "É um filho dos hebreus." **7** Então a irmã da criança disse à filha do faraó: "Queres que vá procurar entre as hebréias uma ama para criar este menino?" **8** A filha do faraó respondeu: "Vai!" A moça correu e foi chamar a mãe do menino. **9** Então a filha do faraó lhe disse: "Leva este menino e amamenta-o; eu te pagarei o salário." E a mulher tomou o menino e o criou. ***10** Quando o menino cresceu, ela o entregou à filha do faraó que o adotou e lhe deu o nome de Moisés, dizendo: "Porque eu o tirei das águas."

Moisés foge para Madian

11 Moisés, já adulto, saiu um dia para ver seus irmãos e pôde observar como eram submetidos a trabalhos forçados. Viu que um egípcio maltratava um de seus irmãos hebreus. **12** Olhou para os lados e, vendo que não havia ninguém por perto, matou o egípcio e ocultou o cadáver na areia.

13 No dia seguinte, Moisés voltou a sair e viu dois homens hebreus brigando. Disse ao agressor: "Por que feres teu próximo?" **14** Ele respondeu: "Quem te constituiu chefe e juiz sobre nós? Pensas matar-me, como mataste o egípcio?" Moisés ficou com medo e pensou: "Certamente este fato já foi descoberto." **15** O faraó, sabendo do ocorrido, procurou matar Moisés, mas este fugiu de perto do faraó. Refugiou-se na terra de Madian e sentou-se junto a um poço.

16 O sacerdote de Madian tinha sete filhas. Elas foram tirar água para encher os bebedouros e dar de beber ao rebanho de seu pai. **17** Chegaram então alguns pastores e tentavam expulsá-las. Moisés se levantou, as defendeu e deu de beber ao rebanho delas. **18** Elas voltaram para seu pai Raguel que lhes perguntou: "Por que voltastes hoje mais cedo?" **19** Elas responderam: "Um egípcio nos livrou dos pastores, ele mesmo tirou água e deu de beber a nosso rebanho." **20** O pai perguntou: "Onde está ele? Por que o deixastes partir? Chamai-o para que coma alguma coisa." **21** Moisés aceitou morar com esse homem que lhe deu sua filha Séfora como esposa. ****22** Ela deu à luz um menino, a quem Moisés chamou Gérson, dizendo: "Sou apenas um hóspede em terra estrangeira."

Deus ouve o clamor do povo oprimido

23 Muito tempo depois, o rei do Egito morreu. Os israelitas gemiam sob o peso da escravidão e clamaram. Seu clamor, do fundo da escravidão, subiu até Deus. **24** Deus ouviu seus gemidos e lembrou-se de sua aliança com Abraão, com Isaac e com Jacó. 25 Deus olhou para os filhos de Israel e se certificou de sua condição.

---

* Parece etimologia popular, fazendo derivar o nome Mosheh do verbo mashah, tirar, retirar, extrair.
** Gérson: derivado da raiz ger, com o significado de estrangeiro, hóspede.

A libertação do Egito

Moisés só conseguiu escapar graças à coragem de sua mãe. Numa prova de fé, Jocabed decidiu colocá-lo em um cesto e lançá-lo no rio Nilo. O destino foi ainda mais ardiloso, pois o bebê foi salvo e criado pela própria filha do faraó.

Moisés no cesto em que foi deixado pela mãe – Stitar, Croácia

3

A sarça ardente

1 Moisés estava apascentando o rebanho de seu sogro Jetro, sacerdote de Madian. Conduziu o rebanho deserto adentro e chegou ao Horeb, a montanha de Deus. **2** O anjo do Senhor apareceu a Moisés numa chama de fogo do meio de uma sarça. Ele olhou e observou que a sarça ardia no fogo, mas não se consumia. **3** Então Moisés disse consigo: "Vou chegar mais perto para ver melhor este estranho espetáculo e saber porque a sarça não queima." **4** Vendo o Senhor que ele se aproximava, do meio da sarça o chamou: "Moisés, Moisés!" Ele respondeu: "Aqui estou!" **5** Deus disse: "Não te aproximes. Tira as sandálias de teus pés porque o lugar em que estás é terra sagrada." **6** E acrescentou: "Eu sou o Deus de teu pai, o Deus de Abraão, o Deus de Isaac e o Deus de Jacó." Moisés cobriu então o rosto porque tinha medo de olhar para Deus.

7 O Senhor disse: "Eu vi muito bem a aflição de meu povo que está no Egito e tenho ouvido seu clamor por causa de seus opressores. Conheço seus sofrimentos. **8** Por isso desci para libertá-lo das mãos dos egípcios e para fazê-lo subir do Egito para uma terra fértil e espaçosa, para uma terra onde corre leite e mel e onde habitam os cananeus, os heteus, os amorreus, os ferezeus, os heveus e os jebuseus. **9** Agora o clamor dos filhos de Israel chegou até mim e vi também a opressão que os egípcios fazem pesar sobre eles. **10** Vai, pois, eu te envio ao faraó para que tires do Egito meu povo, os filhos de Israel."

11 Então Moisés disse a Deus: "Quem sou eu para ir até o faraó e tirar do Egito os filhos de Israel?" **12** Deus respondeu: "Eu estarei contigo e este é o sinal de que sou eu que te envio: Quando tiveres tirado este povo do Egito, servireis a Deus nesta montanha."

13 Então Moisés disse a Deus: "Quando eu me dirigir aos filhos de Israel e lhes disser 'O Deus de vossos ancestrais me enviou a vós' e eles me perguntarem 'Qual é o nome dele?', que hei de responder?" **14** Deus disse a Moisés: "Eu sou aquele que sou." E acrescentou: "Tu deverás falar assim aos filhos de Israel: 'Eu Sou me enviou a vós'." **15** E Deus disse ainda a Moisés: "Assim deverás falar aos filhos de Israel: 'O Senhor, o Deus de vossos antepassados, o Deus de Abraão, o Deus de Isaac e o Deus de Jacó me enviou a vós.' Este é meu nome para sempre e assim serei lembrado de geração em geração."

A missão de Moisés

16 "Vai, reúne os anciãos de Israel e fala-lhes: 'O Senhor, o Deus de vossos antepassados, o Deus de Abraão, de Isaac e de Jacó me apareceu e me disse: Eu vos visitei e vi o que vos é feito no Egito. **17** Eu decidi, portanto, tirar-vos da opressão do Egito para fazer-vos subir à terra dos cananeus, dos heteus, dos amorreus, dos ferezeus, dos heveus e dos jebuseus, terra onde corre leite e mel.' **18** Eles ouvirão tua voz. Então irás com os anciãos de Israel ao rei do Egito e lhe direis: 'O Senhor, o Deus dos hebreus, veio a nosso encontro. Deixa-nos, pois, ir para o deserto, a três dias de caminho, para oferecer sacrifícios ao Senhor, nosso Deus.' **19** Eu sei que o rei do Egito não vos deixará ir, se não for obrigado pela força. **20** Eu estenderei minha mão e ferirei o Egito com todo tipo de prodígios que farei no meio deles. Depois disso, o faraó vos deixará partir. **21** Farei com que o povo conquiste a simpatia dos egípcios, de maneira que, ao partir, não saireis de mãos vazias. **22** Cada mulher pedirá à vizinha e à que mora com ela, objetos de prata e ouro e roupas para vestir vossos filhos e vossas filhas. Assim, despojareis os egípcios."

4 ¹Moisés replicou: "Eles não acreditarão em mim, nem ouvirão minha voz e ainda vão dizer: O Senhor não te apareceu." ²O Senhor lhe perguntou: "O que tens na mão?" Ele respondeu: "Um bastão." ³Ele lhe disse: "Joga-o no chão." Ele o jogou no chão e o bastão se transformou em cobra. Moisés se assustou e recuou. ⁴Então o Senhor disse a Moisés: "Estende tua mão e agarra-a pela cauda." Ele estendeu a mão, agarrou-a pela cauda e a cobra se tornou de novo um bastão em sua mão. ⁵Então o Senhor lhe disse: "Isto é para que creiam que o Senhor, Deus de seus antepassados, o Deus de Abraão, o Deus de Isaac e o Deus de Jacó realmente te apareceu."

⁶O Senhor acrescentou ainda: "Coloca tua mão em teu peito." Moisés a colocou e, ao retirá-la, sua mão estava leprosa, branca como a neve. ⁷O Senhor disse: "Coloca outra vez a mão no peito." Moisés tornou a colocar sua mão no peito e, ao retirá-la, estava normal como o resto de seu corpo. ⁸"Se não acreditarem, nem fizerem caso do primeiro sinal, acreditarão em ti ao verem o segundo. ⁹Se ainda ficarem incrédulos ante os dois sinais e sequer te ouvirem, toma das águas do Nilo e derrama-a na terra seca. A água que recolheres do rio se transformará em sangue sobre a terra seca."

¹⁰Então Moisés voltou a dizer ao Senhor: "Ah, meu Senhor! Eu não tenho o dom da palavra; nunca o tive, nem mesmo depois que falaste a teu servo; tenho a boca e a língua pesadas." ¹¹O Senhor replicou: "Quem dá uma boca ao homem? Quem o faz mudo ou surdo ou capaz de ver ou cego? Não sou eu, o Senhor? ¹²Vai, pois, agora, e eu estarei em tua boca e te instruirei sobre o que hás de falar."

¹³Moisés, porém, insistiu: "Ah, meu Senhor! Envia qualquer outro que quiseres!" ¹⁴O Senhor ficou então irritado com Moisés e lhe disse: "Não tens Aarão, teu irmão, o levita? Eu sei que ele fala muito bem. Ele está vindo a teu encontro e, ao ver-te, se alegrará em seu coração. ¹⁵E tu lhe falarás e porás as palavras em sua boca. Eu estarei em tua boca e na dele, ensinando-vos o que devereis fazer. ¹⁶Ele falará ao povo em teu lugar, ele te servirá de boca e tu lhe servirás de deus. ¹⁷Toma em tua mão este bastão, pois é com ele que farás os prodígios."

¹⁸Moisés voltou então para a casa de seu sogro Jetro e lhe disse: "Vou voltar para junto de meus irmãos no Egito para ver se ainda vivem." Jetro lhe disse: "Vai em paz."

Moisés volta ao Egito

¹⁹O Senhor disse ainda a Moisés em Madian: "Vai, volta para o Egito porque todos aqueles que atentavam contra tua vida já morreram." ²⁰Moisés tomou então sua mulher e seus filhos, os fez montar num jumento e voltou à terra do Egito. Moisés andava com o bastão de Deus na mão. ²¹O Senhor disse a Moisés: "Quando voltares ao Egito, procura fazer diante do faraó todos os prodígios que coloquei em tua mão. Eu lhe endurecerei, porém, o coração e ele não deixará o povo partir. ²²Então dirás ao faraó: Assim diz o Senhor: Israel é meu filho, meu primogênito ²³e eu te ordeno que deixes meu filho partir para me servir. Se te recusares em deixá-lo partir, eu matarei teu filho primogênito."

²⁴Durante a viagem, estando Moisés numa estalagem, o Senhor o atacou, procurando matá-lo. ²⁵Séfora tomou então uma pedra afiada, cortou o prepúcio de seu filho e com ele tocou os órgãos genitais de Moisés, dizendo: "Tu és para mim um esposo de sangue." ²⁶E o Senhor o deixou. Séfora havia dito "esposo de sangue", referindo-se à circuncisão. ²⁷O Senhor disse a Aarão: "Vai ao encontro de Moisés no deserto." Ele foi, encontrou-o na montanha de Deus e o beijou. ²⁸Moisés relatou a Aarão todas as palavras do Senhor ao lhe confiar a missão e todos os prodígios que ele lhe tinha ordenado

A libertação do Egito

Moisés ao lado da filha do faraó – Stitar, Croácia

COLEÇÃO PARTICULAR

A família acompanhou a distância a educação do filho — que a filha do faraó mandou chamar de Moisés, um nome comum entre os ricos do Egito. Criado no contato com a nobreza opressora, nada indicava que ele iria se tornar o heroi libertador de seu povo.

fazer. **29** Então Moisés e Aarão continuaram seu caminho e reuniram todos os anciãos dos filhos de Israel. **30** E Aarão repetiu tudo o que Senhor havia dito a Moisés e este realizou os sinais perante os olhos do povo. **31** E o povo acreditou. Ao ouvir que o Senhor viera visitar os filhos de Israel e que via sua aflição, todos se inclinaram e se prostraram.

Moisés diante do faraó

5 **1** Depois disso, Moisés e Aarão se apresentaram ao faraó e lhe disseram: "Assim fala o Senhor, o Deus de Israel: Deixa partir meu povo para que, em minha honra, celebre uma festa no deserto." **2** O faraó respondeu: "Quem é esse Senhor para que eu tenha de obedecer e deixar Israel partir? Não conheço esse Senhor, nem deixarei Israel partir." **3** Eles lhe disseram: "O Deus dos hebreus veio a nosso encontro. Deixa-nos ir ao deserto, a três dias de caminho, para oferecer sacrifícios ao Senhor, nosso Deus, a fim de que não venha ele a nos ferir com peste ou com espada." **4** Então o rei do Egito lhes disse: "Moisés e Aarão, por que tentais desviar o povo de seu trabalho? Voltai já a vossas funções!" **5** E o faraó acrescentou ainda: "O povo já é muito numeroso e vós ainda o levais a abandonar seus trabalhos?"

6 Nesse mesmo dia, o faraó deu ordem aos inspetores do povo e a seus subalternos, dizendo: **7** "Doravante não dareis mais palha ao povo para fazer tijolos, como era feito antes; eles mesmos irão recolhê-la. **8** Exigi, de qualquer forma, a mesma quantia de tijolos que faziam antes, sem nada diminuir. São uns preguiçosos e por isso andam clamando: 'Queremos ir oferecer sacrifícios a nosso Deus.' **9** Que sejam sobrecarregados de trabalho para que se dediquem a suas tarefas e não confiem em palavras mentirosas."

10 Os inspetores e seus guardas saíram e falaram ao povo: "O faraó vos manda dizer que não vos fornecerá mais palha **11** e que vós mesmos devereis procurá-la onde houver. Apesar disso, em nada será diminuído vosso trabalho." **12** O povo se espalhou então por toda a terra do Egito para recolher palha a ser amassada com argila. **13** Os inspetores os pressionavam, dizendo: "Acabai vosso trabalho, a tarefa de cada dia, como antes quando se fornecia palha." **14** Os inspetores do faraó açoitavam os guardas israelitas que haviam designado para o posto de controle do trabalho. E lhes diziam: "Por que não completastes, nem ontem nem hoje, a quantidade de tijolos como antes?"

15 Os guardas israelitas foram então queixar-se ao faraó: "Por que assim procedes com teus servos?

16 Estão exigindo que façamos tijolos, mas não nos fornecem palha. Nós, teus servos, somos açoitados, mas quem tem a culpa é teu povo." 17 Mas ele respondeu: "Vós sois muito preguiçosos, isto sim! Por isso dizeis: 'Queremos ir oferecer sacrifícios ao Senhor.' **18** E agora, já ao trabalho! Não vos será fornecida palha, mas devereis entregar a mesma quantidade de tijolos."

19 Os guardas israelitas viram-se então numa situação difícil, uma vez que se dizia: "Em nada diminuireis a entrega diária de tijolos." **20** Ao saírem do palácio do faraó, encontraram Moisés e Aarão que estavam à espera deles.

21 Disseram-lhes: "Que o Senhor vos veja e vos julgue, porquanto atraístes sobre nós a aversão do faraó e de sua corte e pusestes nas mãos deles a espada para nos matar." **22** Moisés voltou-se então de novo para o Senhor e disse: "Senhor! Por que maltratas este povo? Por que me enviaste? **23** Desde que me apresentei ao faraó para falar em teu nome, ele maltrata este povo e tu não o libertaste coisa nenhuma!"

6

¹ O Senhor respondeu a Moisés: "Agora verás o que vou fazer ao faraó. Forçado por mão poderosa, ele os deixará partir; forçado por mão forte, ele os expulsará de sua terra."

Outra narrativa da missão de Moisés

² Deus disse a Moisés: "Eu sou o Senhor. ³ Eu apareci a Abraão, a Isaac e a Jacó como o Deus todo-poderoso, mas não me dei a conhecer a eles por meu nome de Javé. ⁴ Com eles também me comprometi a lhes dar a terra de Canaã, a terra em que levaram vida errante e na qual habitaram como estrangeiros. ⁵ Ouvi também os gemidos dos filhos de Israel, oprimidos pelos egípcios e lembrei-me de minha aliança. ⁶ Por isso, deves dizer aos filhos de Israel: Eu sou o Senhor e vos libertarei do jugo dos egípcios, vos livrarei da servidão, vos resgatarei com braço estendido, manifestando minha exemplar justiça. ⁷ Eu vos tomarei como meu povo e serei vosso Deus; sabereis que eu sou o Senhor, vosso Deus, que vos libertarei do jugo dos egípcios. ⁸ Eu vos levarei à terra que prometi com juramento a Abraão, a Isaac e a Jacó e que a darei a vós como herança, eu, o Senhor. ⁹ Moisés repetiu estas palavras aos filhos de Israel, mas eles não lhe deram atenção, tamanha era a angústia de seu espírito e penosa a servidão. ¹⁰ O Senhor disse então a Moisés: ¹¹ "Vai pedir ao faraó, rei do Egito, que deixe os israelitas sair de sua terra." ¹² Moisés, porém, falou ao Senhor: "Os israelitas não me ouviram, como, pois, me ouvirá o faraó a mim que não tenho facilidade para falar?" ¹³ O Senhor, todavia, falou a Moisés e a Aarão e lhes deu a ordem de se dirigir ao faraó, rei do Egito, para tirar os filhos de Israel da terra do Egito.

Genealogia de Moisés e Aarão

¹⁴ Estes são os chefes das famílias dos israelitas. Filhos de Rubem, o primogênito de Israel: Henoc, Falu, Hesron e Carmi; estas são as famílias de Rubem. ¹⁵ Filhos de Simeão: Jamuel, Jamin, Aod, Jaquim, Soar e Saul, filho da cananéia; estas são as famílias de Simeão. ¹⁶ Estes são os nomes dos filhos de Levi e seus descendentes: Gérson, Caat e Merari. A duração da vida de Levi foi de cento e trinta e sete anos. ¹⁷ Filhos de Gérson: Lobni e Semei, com suas famílias. ¹⁸ Filhos de Caat: Amram, Isaar, Hebron e Oziel. A duração da vida de Caat foi de cento e trinta e três anos. ¹⁹ Filhos de Merari: Mooli e Musi. Estas são as famílias de Levi e seus descendentes.

²⁰ Amram casou com Jocabed, sua tia, que lhe deu Aarão e Moisés. A duração da vida de Amram foi de cento e trinta e sete anos. ²¹ Filhos de Isaar: Coré, Nefeg e Zecri. ²² Filhos de Oziel: Misael, Elisafan e Setri. ²³ Aarão casou com Elisabet, filha de Aminadab, irmã de Naasson, e ela lhe deu os filhos Nadab, Abiú, Eleazar e Itamar. ²⁴ Filhos de Coré: Aser, Elcana e Abiasaf; estas

> "Eu sou o Senhor e vos libertarei do jugo dos egípcios, vos livrarei da servidão, vos resgatarei com braço estendido, manifestando minha exemplar justiça. Eu vos tomarei como meu povo e serei vosso Deus"

são as famílias dos coreítas. ²⁵ Eleazar, filho de Aarão, casou com uma das filhas de Futiel que lhe deu o filho Finéias. Estes são os chefes das famílias dos levitas, segundo seus clãs.

²⁶ Estes são Aarão e Moisés, a quem o Senhor disse: "Tirai os filhos de Israel da terra do Egito, segundo seus exércitos." ²⁷ Foram eles, Moisés e Aarão, que falaram ao faraó, rei do Egito, para que deixasse os filhos de Israel sair do Egito.

²⁸ Quando o Senhor falou a Moisés na terra do Egito, ²⁹ o Senhor assim falou: "Eu sou o Senhor. Repete ao faraó, rei do Egito, tudo quanto eu te digo." ³⁰ Moisés respondeu: "Não tenho facilidade para falar. Como é que o faraó vai me ouvir?"

7 Moisés e Aarão, instrumentos dos planos de Deus

¹ O Senhor disse a Moisés: "Pois bem! Vou fazer de ti um deus para o faraó e teu irmão Aarão será teu profeta. ² Tu falarás tudo o que eu te mandar e teu irmão Aarão falará ao faraó para que deixe os israelitas sair de sua terra. ³ Eu, porém, endurecerei o coração do faraó e multiplicarei na terra do Egito meus sinais e meus prodígios. ⁴ Ele não vos ouvirá. Eu estenderei então minha mão sobre o Egito e farei sair meus exércitos, meu povo, os filhos de Israel, com grandes manifestações de poder. ⁵ Os egípcios saberão que eu sou o Senhor, quando estender minha mão sobre o Egito e dele fizer sair os filhos de Israel." ⁶ Moisés e Aarão fizeram exatamente como o Senhor lhes havia ordenado. ⁷ Quando falaram ao faraó, Moisés tinha oitenta anos de idade e Aarão tinha oitenta e três.

As dez pragas do Egito

⁸ O Senhor disse a Moisés e Aarão: "⁹ Se o faraó vos pedir um prodígio, tu dirás a Aarão: 'Toma o bastão e joga-o diante do faraó.' Ele se tornará uma cobra." ¹⁰ Moisés e Aarão se apresentaram diante do faraó e fizeram como o Senhor ordenara. Aarão jogou o bastão diante do faraó e de seus ministros e ele se transformou em serpente. ¹¹ O faraó, porém, mandou chamar os sábios, os encantadores; e os magos do Egito fizeram o mesmo com seus encantamentos. ¹² Cada um jogou uma vara e todas se transformaram em serpentes. Mas o bastão de Aarão engoliu as varas deles. ¹³ O coração do faraó, no entanto, se endureceu e não os ouviu, como o Senhor lhes tinha falado.

1ª praga: As águas se transformam em sangue

¹⁴ Então o Senhor disse a Moisés: "O coração do faraó está endurecido e ele se recusa a deixar o povo partir. ¹⁵ Vai procurá-lo pela manhã, no momento em que ele vai até o rio. Aguarda-o junto à margem do Nilo e tomarás em tua mão o bastão que se transformou em cobra. ¹⁶ E lhe dirás: O Senhor, o Deus dos hebreus, me enviou a ti para te dizer: Deixa meu povo ir para que me sirva no deserto; até agora não me escutaste. ¹⁷ Assim diz o Senhor, pois: Nisto saberás que eu sou o Senhor. Vou ferir com este bastão, que tenho em minha mão, as águas do Nilo e elas se transformarão em sangue. ¹⁸ Os peixes do rio morrerão, o rio vai ficar infecto e malcheiroso e os egípcios terão nojo de beber da água do rio".

¹⁹ O Senhor disse a Moisés: "Fala a Aarão: Toma o bastão e estende tua mão sobre as águas do Egito, sobre seus rios, seus canais, seus lagos e sobre todos os reservatórios para que se transformem em sangue. Haverá sangue em toda a terra do Egito, tanto nos vasos de madeira como nos de pedra." ²⁰ Moisés e Aarão fizeram como o Senhor tinha mandado. Aarão alçou a vara, tocou as águas do Nilo diante dos olhos do faraó e seus ministros

O quadro de Sandro Botticelli resume a vida do profeta. Dois deles são especialmente marcantes. Inconformado com a brutalidade dos algozes egípcios, Moisés mata um guarda e foge para o deserto a fim de evitar a pena de morte. Acaba em um poço, onde, numa prova de coragem, expulsa homens que incomodavam as filhas do pastor Jetro.

A libertação do Egito

Afresco de Sandro Botticelli (1482) – Capela Sistina, Vaticano

e todas as águas do rio se transformaram em sangue. ²¹Os peixes do rio morreram, o rio ficou tão infecto que os egípcios não podiam beber de suas águas. Houve sangue por todo o Egito. ²²Os magos do Egito, porém, fizeram o mesmo com seus encantamentos, de modo que o coração do faraó se endureceu e não quis ouvi-los, conforme o Senhor havia predito. ²³O faraó voltou para o palácio, sem levar a sério tudo isso. ²⁴Todos os egípcios cavaram poços nas proximidades do rio, procurando água potável, porquanto não podiam beber da água do rio. ²⁵Sete dias se passaram, desde que o Senhor ferira o rio.

2ª praga: As rãs

8 ¹O Senhor disse a Moisés: "Vai procurar o faraó e fala: Assim diz o Senhor: Deixa meu povo partir para me servir. ²Se recusares, infestarei de rãs todo o teu território. ³O Nilo ferverá de rãs que subirão para invadir teu palácio, teu quarto, tua cama, as casas de teus ministros e de teu povo, nos fornos e nas amassadeiras. ⁴As rãs saltarão sobre ti, sobre teu povo e sobre todos os teus ministros."

5 O Senhor disse ainda: "Ordena a Aarão: Estende tua mão com o bastão sobre os rios, canais e lagos para que rãs subam sobre toda a terra do Egito." 6 Aarão estendeu sua mão sobre as águas do Egito e as rãs subiram e cobriram a terra do Egito. ⁷Os magos, porém, fizeram o mesmo com seus encantamentos e fizeram subir rãs sobre toda a terra do Egito.

⁸O faraó mandou chamar Moisés e Aarão e lhes disse: "Intercedei junto ao Senhor para que afaste as rãs de mim e de meu povo. Então deixarei o povo partir para oferecer sacrifícios ao Senhor." ⁹Moisés disse ao faraó: "Digna-te dizer-me quando é que devo orar por ti, por teus ministros, por teu povo para afastar as rãs de ti, de tuas casas, a fim de que fiquem somente no rio?" ¹⁰Ele respondeu: "Amanhã." Moisés replicou: "Será feito conforme tua palavra para que saibas que não há ninguém como o Senhor, nosso Deus. ¹¹As rãs se afastarão de ti, de tuas casas, de teus ministros e de teu povo. Ficarão somente no rio." ¹²Moisés e Aarão saíram do palácio do faraó e Moisés invocou o Senhor por causa das rãs que havia mandado contra o faraó. ¹³O Senhor fez o que Moisés pedia e as rãs morreram nas casas, nas praças e nos campos. ¹⁴Foram ajuntadas em montões e o mau cheiro invadiu a terra. ¹⁵O faraó, ao ver que havia trégua, endureceu seu coração e, como o Senhor havia predito, não quis conceder o que pediam.

3ª praga: Os mosquitos

¹⁶O Senhor disse a Moisés: "Ordena a Aarão: Estende o bastão e toca o pó da terra; ele se converterá em mosquitos por todo o território do Egito." ¹⁷Aarão estendeu sua mão com o bastão, tocou o pó da terra que se transformou em mosquitos que atacavam os homens e os animais. Todo o pó da terra se converteu em mosquitos em toda a terra do Egito. ¹⁸Os magos tentaram fazer o mesmo, usando seus encantamentos para produzir mosquitos, mas não conseguiram. Os mosquitos ficavam sobre os homens e os animais. ¹⁹Então os magos disseram ao faraó: "Isto é o dedo de Deus." O coração do faraó, porém, se endureceu e não lhes deu ouvidos, como o Senhor havia predito.

4ª praga: As moscas

²⁰O Senhor disse a Moisés: "Levanta de manhã cedo e apresenta-te diante do faraó, quando ele sair para ir ao rio e lhe dirás: Assim diz o Senhor: Deixa meu povo partir para me prestar culto. ²¹Se não o deixares ir, mandarei moscas contra ti, teus

ministros e teu povo, bem como em tuas casas. As casas dos egípcios e a terra em que moram serão invadidas por elas. 22 Nesse dia, excluirei a terra de Gessém, onde habita meu povo, e nela não haverá moscas, para que saibas que eu, o Senhor, estou no meio desta terra. 23 Farei, pois, uma distinção entre meu povo e teu povo. Este prodígio ocorrerá amanhã." 24 Assim fez o Senhor. Enxames de moscas invadiram o palácio do faraó, as casas de seu povo e toda a terra do Egito ficou infestada pelas moscas.

25 O faraó mandou chamar Moisés e Aarão e lhes disse: "Podeis ir e oferecer sacrifícios a vosso Deus, mas neste país." 26 Moisés respondeu: "Não convém que seja assim, pois os sacrifícios que oferecemos ao Senhor, nosso Deus, são abomináveis para os egípcios. Se fizermos os sacrifícios, que eles abominam, diante de seus olhos, certamente irão nos apedrejar. 27 Temos de ir ao deserto, a três dias de caminho, para oferecer sacrifícios ao Senhor, nosso Deus, como ele mesmo nos ordenou." 28 O faraó replicou: "Consinto em vos deixar partir e oferecer sacrifícios ao Senhor, vosso Deus no deserto, com a condição que não vos afasteis para muito longe. Orai também por mim." 29 Moisés respondeu: "Assim que eu sair de tua casa, orarei ao Senhor para que amanhã estas moscas se afastem do faraó, de seus ministros e de seu povo. Espero que o faraó não torne a me enganar, não permitindo que este povo vá oferecer sacrifícios ao Senhor." 30 Então Moisés se retirou da presença do faraó e orou ao Senhor. 31 E o Senhor fez o que Moisés pedia. As moscas se afastaram do faraó, de seus ministros e de seu povo. Não ficou uma sequer. 32 Mais uma vez, porém, o faraó endureceu seu coração e não deixou o povo partir.

5ª praga: A morte dos rebanhos

9 1 O Senhor disse a Moisés: "Apresenta-te ao faraó e fala o seguinte: Assim diz o Senhor, Deus dos hebreus: Deixa meu povo ir para me prestar culto. 2 Se te recusares em deixá-lo partir e o retiveres à força, 3 a mão do Senhor ferirá, com uma peste terrível, teus animais que estão no campo, os cavalos, os jumentos, os camelos, os bois e as ovelhas. 4 O Senhor fará, contudo, uma distinção entre os animais dos israelitas e os animais dos egípcios, de modo que nada perecerá de tudo o que pertencer aos israelitas".

5 O Senhor estabeleceu o prazo, dizendo: "Amanhã o Senhor fará isto neste país." 6 No dia seguinte, o Senhor cumpriu sua palavra e todos os animais dos egípcios morreram, mas dos animais dos israelitas não morreu um sequer. 7 O faraó mandou averiguar e constatou que nenhum animal dos israelitas havia morrido. O faraó, no entanto, endureceu o coração e não deixou o povo partir.

6ª praga: As chagas

8 O Senhor disse a Moisés e a Aarão: "Tirai do forno dois punhados de cinza e que Moisés a jogue no ar, à vista do faraó. 9 A cinza se tornará uma poeira que se espalhará por todo Egito e cairá sobre os homens e os animais, produzindo ulcerações que se transformarão em chagas em toda a terra do Egito."

10 Eles apanharam a cinza do forno e se apresentaram diante do faraó. Moisés a jogou para o ar e, sobre homens e animais, transformou-se em úlceras e chagas. 11 Os magos não puderam comparecer diante de Moisés por causa das úlceras, pois foram atingidos como todos os egípcios. 12 O Senhor, porém, endureceu o coração do faraó que, como o Senhor havia predito, não quis ouvir Moisés e Aarão.

A libertação do Egito

Representação da aparição de Jesus a Moisés – manuscrito iluminado francês (1210)

Moisés não conhecia a fé dos hebreus até que Javé se apresentou na forma de um arbusto que, de maneira espantosa, queimava sem se consumir. O discurso divino começou com "Eu sou o Deus de teu pai, o Deus de Abraão, o Deus de Isaac e o Deus de Jacó". A cena é extraordinária: o Criador abordou um homem comum para convencê-lo a cumprir seu destino.

7ª praga: O granizo

13 O Senhor disse a Moisés: "Levanta-te de manhã cedo, apresenta-te diante do faraó e lhe dirás: Assim diz o Senhor, o Deus dos hebreus: Deixa meu povo partir para me prestar culto **14** porque desta vez vou despejar todos os meus flagelos por sobre ti, teus ministros e teu povo para que saibas que não há outro semelhante a mim em toda a terra. **15** Eu poderia ter estendido minha mão e te ferir de peste, juntamente com teu povo, e já terias desaparecido da terra. **16** Se te preservo, no entanto, é para que possas ver meu poder e meu nome seja glorificado em toda a terra. **17** Se te obstinas em impedir a partida de meu povo, **18** amanhã, a esta mesma hora, farei cair uma chuva de pedras tão violenta como nunca houve no Egito, desde sua fundação até hoje. **19** Agora, portanto, manda recolher teus animais e tudo o que tens nos campos porque todos os homens e animais, que se encontrarem nos campos e não se abrigarem, serão atingidos pelo granizo e morrerão."

20 Dentre os ministros do faraó havia quem temesse a palavra do Senhor e pôs ao abrigo seus servos e seus rebanhos. **21** Aqueles, porém, que não deram importância à palavra do Senhor deixaram seus servos e seus rebanhos no campo.

22 O Senhor disse a Moisés: "Estende tua mão para o céu e haverá de cair granizo sobre toda a terra do Egito, sobre os homens, sobre os animais e sobre toda a erva dos campos." **23** Moisés estendeu o bastão para o céu. O Senhor mandou trovões e chuva de pedras e os raios se precipitavam sobre a terra. O Senhor fez chover granizo sobre toda a terra do Egito.

24 Caiu granizo acompanhado de raios e caiu com tanta força, como nunca havia ocorrido em toda a terra do Egito, desde que se havia tornado uma nação. **25** O granizo destruiu, em todo o território egípcio, tudo quanto havia nos campos, homens e animais; destruiu também toda a erva dos prados e destroçou todas as árvores do campo. **26** Somente na terra de Gessém, onde se encontravam os filhos de Israel, não houve chuva de pedra.

27 O faraó mandou então chamar Moisés e Aarão e lhes disse: "Desta vez pequei. O Senhor é justo, eu e meu povo somos ímpios. **28** Orai ao Senhor porque já bastam esses trovões e chuva de pedra. Eu vos deixarei partir e não ficareis mais aqui." **29** Então lhe disse Moisés: "Logo que tiver saído da cidade, erguerei minhas mãos ao Senhor e os trovões cessarão e não haverá mais granizo para que saibas que a terra pertence ao Senhor. **30** Bem sei, porém, que tu e teus ministros não temeis ainda o Senhor Deus."

31 O linho e a cevada ficaram arruinados porque a cevada já estava na espiga e o linho estava florescendo. **32** O trigo e o centeio não foram destruídos porque são tardios. **33** Moisés saiu do palácio do faraó e deixou a cidade. Levantou as mãos ao Senhor, cessaram os trovões e o granizo e a chuva parou de cair sobre a terra. **34** Ao ver que a chuva, o granizo e os trovões haviam cessado, o faraó continuou a pecar, endurecendo seu coração, ele juntamente com seus ministros. **35** O coração do faraó se endureceu e não deixou partir os israelitas, como o Senhor havia predito a Moisés.

> "Eu poderia ter estendido minha mão e te ferir de peste, juntamente com teu povo, e já terias desaparecido da terra. Se te preservo, no entanto, é para que possas ver meu poder e meu nome seja glorificado em toda a terra"

10

8ª praga: Os gafanhotos

1 O Senhor disse a Moisés: "Vai procurar o faraó porque endureci seu coração e o de seus ministros para manifestar meus prodígios no meio deles **2** e tu possas contar a teus filhos e a teus netos as maravilhas que fiz no Egito e meus sinais que realizei entre eles, para que saibais que eu sou o Senhor."

3 Moisés e Aarão se apresentaram ao faraó e lhe disseram: "Assim diz o Senhor, o Deus dos hebreus: Até quando te recusarás a humilhar-te diante de mim? Deixa ir meu povo para que possa me prestar culto. **4** Se persistires em recusar, amanhã mesmo mandarei gafanhotos sobre teus territórios. **5** Eles cobrirão a superfície da terra, de tal modo que não se poderá ver o solo. Devorarão o resto das colheitas que escapou do granizo. Devorarão também todas as árvores que crescem nos campos. **6** Encherão tuas casas, as de todos os teus ministros e as casas de todos os egípcios, como nunca viram teus pais nem teus avós, desde o dia em que chegaram ao país até o dia de hoje." Moisés voltou as costas e se retirou do palácio do faraó.

7 Então os ministros do faraó lhe disseram: "Até quando este homem será uma armadilha para nós? Deixa partir essa gente para que preste seu culto ao Senhor, seu Deus. Não percebes ainda que o Egito está destruído?"

8 Mandaram então chamar Moisés e Aarão que foram conduzidos à presença do faraó. Este lhes disse: "Podeis ir, pois, prestar vosso culto ao Senhor, vosso Deus. Mas quem e quantos vão?" **9** Moisés respondeu: "Iremos com nossos jovens e velhos, com nossos filhos e filhas, com nossas ovelhas e nossos bois porque temos de celebrar uma festa em honra do Senhor."

10 O faraó replicou: "Que o Senhor esteja convosco, se eu vos deixar partir com vossos filhos! Vejo que tendes más intenções! **11** Não há de ser assim, portanto. Podeis ir vós, os homens, e prestai vosso culto ao Senhor; pois é isso o que desejais." E foram expulsos da presença do faraó.

12 O Senhor disse então a Moisés: "Estende tua mão sobre a terra do Egito para que venham os gafanhotos sobre ele e devorem toda a erva da terra, tudo o que o granizo deixou." **13** Moisés estendeu o bastão sobre a terra do Egito e o Senhor fez soprar sobre o país, durante todo aquele dia e toda aquela noite, um vento do oriente. Ao amanhecer, o vento do oriente já havia trazido os gafanhotos. **14** Eles se espalharam sobre todo o Egito, invadiram todo o território e eram tão numerosos como nunca houve antes, nem haverá jamais. **15** Cobriram toda a superfície do solo em todo o país, de tal modo que a terra escureceu. Devoraram toda a erva da terra, todos os frutos das árvores que o granizo tinha poupado. Em todo o território do Egito, não ficou verde algum nas árvores, nem nas pastagens dos campos.

16 O faraó mandou chamar Moisés e Aarão imediatamente e lhes disse: "Pequei contra o Senhor, vosso Deus, e contra vós. **17** Perdoai ainda esta vez meu pecado e rogai ao Senhor, vosso Deus, que ao menos afaste de mim este flagelo mortal." **18** Moisés saiu do palácio do faraó e orou ao Senhor. **19** O Senhor então fez soprar do ocidente um vento

> "Iremos com nossos jovens e velhos, com nossos filhos e filhas, com nossas ovelhas e nossos bois porque temos de celebrar uma festa em honra do Senhor."

fortíssimo que levantou os gafanhotos e os lançou no Mar Vermelho. Não ficou um só gafanhoto em todo o território egípcio. **20** O Senhor, porém, endureceu o coração do faraó que não deixou partir os filhos de Israel.

9ª praga: As trevas

21 O Senhor disse a Moisés: "Estende tua mão para o céu e sobre a terra do Egito; descerão trevas tão espessas que poderão ser apalpadas." **22** Moisés estendeu sua mão para o céu e durante três dias densas trevas cobriram toda a terra do Egito. **23** Uma pessoa não conseguia ver a outra e durante esses três dias ninguém se levantou do lugar em que estava. Nos lugares onde habitavam os israelitas, porém, havia luz por toda a parte.

24 O faraó mandou chamar Moisés e lhe disse: "Podeis ir e servir ao Senhor; fiquem somente vossas ovelhas e vossos bois; podeis levar convosco também vossos filhos." **25** Moisés, porém, falou: "Mesmo que tu nos desses as vítimas para os sacrifícios e holocaustos que vamos oferecer ao Senhor, nosso Deus, **26** ainda assim nossos rebanhos devem ir conosco. Nem uma unha ficará, pois é deles que devemos tomar o que precisamos para imolar ao Senhor, nosso Deus. Nem nós sabemos, enquanto não tivermos chegado lá, com que haveremos de servir ao Senhor." **27** O Senhor, contudo, endureceu o coração do faraó e este não quis deixá-los partir. **28** O faraó disse finalmente a Moisés: "Vai embora daqui! Não voltes mais, pois no dia em que tornares a ver meu rosto, certamente morrerás." **29** Moisés respondeu: "Tu o disseste e já não verei mais teu rosto."

Moisés anuncia a décima praga

11 **1** O Senhor disse a Moisés: "Mandarei mais uma praga sobre o faraó e sobre o Egito; depois desta, vos deixará partir daqui. Quando vos deixar partir, será em definitivo, pois ele vos expulsará daqui. **2** Fala agora ao povo para que cada homem peça a seu vizinho e cada mulher à sua vizinha objetos de prata e de ouro." **3** O Senhor fez com que o povo granjeasse a simpatia dos egípcios. Até Moisés era muito considerado no Egito pelos ministros do faraó e por todo o povo.

4 Moisés disse: "Assim diz o Senhor: À meia-noite eu passarei através do Egito **5** e todo o primogênito na terra do Egito morrerá, desde o primogênito do faraó, que haveria de sentar-se sobre seu trono, até o primogênito da escrava que faz girar a mó do moinho e todo primogênito dos animais. **6** Haverá grande clamor em toda a terra do Egito, como nunca houve nem haverá jamais. **7** Mas entre todos os israelitas, desde os homens até os animais, nem mesmo um cão abrirá sua boca em latidos, para que saibais que o Senhor fez distinção entre os egípcios e os israelitas. 8 Então todos estes teus ministros virão e se prostrarão diante de mim, dizendo: Vai embora daqui, tu e todo o povo que te acompanha. Depois disso, partirei." Visivelmente irado, Moisés saiu do palácio do faraó.

9 O Senhor disse a Moisés: "O faraó não vos ouvirá para que meus prodígios se multipliquem na terra do Egito." **10** Moisés e Aarão fizeram todos esses prodígios na presença do faraó, mas o Senhor endureceu o coração dele e não deixou que os israelitas partissem de seu país.

> "Assim diz o Senhor: À meia-noite eu passarei através do Egito e todo o primogênito na terra do Egito morrerá"

12 A Páscoa

1 O Senhor disse a Moisés e a Arão na terra do Egito: **2** "Este mês será para vós o início dos meses; será para vós o primeiro mês do ano. **3** Dizei a toda a assembléia de Israel: No décimo dia deste mês, cada um de vós tome um cordeiro por família, um cordeiro por casa. **4** Se a família for pequena demais para um cordeiro, então tome um só junto com seu vizinho, de acordo com o número de pessoas, calculando o que cada um pode comer. **5** O animal será sem defeito, macho, de um ano, que escolhereis entre os cordeiros ou entre os cabritos. **6** E o guardareis até o décimo quarto dia deste mês. Então toda a assembléia de Israel o imolará ao entardecer. **7** Recolherão de seu sangue e o passarão sobre os dois batentes e sobre a travessa da porta das casas em que o comerem. **8** Nessa noite comerão a carne assada ao fogo, com pães ázimos e com ervas amargas. **9** Não comereis sua carne crua ou cozida na água, mas assada ao fogo, inteiro, com cabeça, pernas e vísceras. **10** Não deixareis restos dele para o dia seguinte; se sobrar alguma coisa, deveis queimá-la no fogo. **11** Devereis comê-lo desse modo: com cinto aos rins, sandálias nos pés e cajado na mão; vós o comereis às pressas, pois é a páscoa do Senhor.

12 Nessa noite, eu passarei pela terra do Egito e matarei todos os primogênitos do Egito, desde os homens até os animais; e farei justiça contra todos os deuses do Egito. Eu sou o Senhor. **13** O sangue nas casas será sinal de que estais dentro delas. Vendo o sangue, passarei adiante e o flagelo destruidor não vos atingirá, quando eu ferir o Egito.

14 Conservareis a memória desse dia e o celebrareis com uma festa em honra do Senhor. Fareis isto de geração em geração, porquanto é uma instituição perpétua.

15 Comereis pão sem fermento durante sete dias. No primeiro dia, tireis o fermento de dentro de vossas casas, pois todo aquele que comer pão fermentado, desde o primeiro até o sétimo dia, será excluído de Israel. **16** No primeiro dia, convocareis uma assembléia sagrada; no sétimo dia, convocareis outra assembléia sagrada. Durante esses dias, não se fará trabalho algum e prepararei apenas o que cada um deve comer. **17** Guardai a festa dos pães ázimos porque foi nesse mesmo dia que tirei vossos exércitos do Egito; guardareis esse dia de geração em geração, pois é uma instituição perpétua.

18 No primeiro mês, desde a tarde do décimo quarto dia até a tarde do vigésimo primeiro, comereis pães sem fermento. **19** Durante sete dias, não deverá haver nenhum fermento em vossas casas; se alguém comer pão fermentado, será excluído da assembléia de Israel, quer seja estrangeiro ou natural do país. **20** Não comereis pão fermentado; em todas as vossas casas comereis pães ázimos."

21 Moisés convocou todos os anciãos de Israel e lhes disse: "Escolhei um cordeiro por família e imolai a páscoa. **22** Depois disso, tomai ramos de hissopo, molhai-o no sangue que estiver na bacia e marcai a travessa e os batentes da porta. Ninguém dentre de vós transponha o limiar da porta de casa até o amanhecer **23** porque o Senhor pas-

> "Durante sete dias, não deverá haver nenhum fermento em vossas casas; se alguém comer pão fermentado, será excluído da assembléia de Israel, quer seja estrangeiro ou natural do país. Não comereis pão fermentado; em todas as vossas casas comereis pães ázimos."

Afresco de Perugino (1482) – Capela Sistina, Vaticano

O profeta teve dois filhos. O mais novo, Eliezer, foi circuncidado. O mais velho, Gérson, não foi, por algum motivo misterioso. Por isso, quando dormia numa tenda a caminho do Egito, Moisés foi atacado por Deus, que iria matá-lo se a esposa, Séfora, não agisse com rapidez. Ela pegou uma pedra e correu para cortar o prepúcio do filho que dormia.

sará para ferir os egípcios. Quando notar o sangue na travessa e nos batentes da porta, o Senhor passará essa porta e não deixará que o exterminador entre em vossas casas para vos ferir. ²⁴ Observareis esse preceito como uma instituição perpétua para vós e para vossos filhos.

²⁵ Quando tiverdes entrado na terra que o Senhor vos dará, como prometeu, observareis esse rito. ²⁶ Quando vossos filhos vos disserem 'Que rito é este?', ²⁷ respondereis: 'Este é o sacrifício da páscoa do Senhor. Quando feriu os egípcios, o Senhor passou pelas casas dos filhos de Israel no Egito, preservando-as'." Então o povo se inclinou e se prostrou. 28 Em seguida, os filhos de Israel se retiraram para fazer tudo isso e o fizeram como o Senhor havia ordenado a Moisés e a Aarão.

10ª praga: A morte dos primogênitos egípcios

²⁹ À meia-noite, o Senhor feriu a todos os primogênitos do Egito, desde o primogênito do faraó, que deveria suceder-lhe no trono, até o primogênito do cativo que estava no cárcere e todos os primogênitos dos animais. ³⁰ O faraó se levantou no meio da noite, assim como todos os seus ministros e todos os egípcios, e havia um grande clamor no Egito porque não havia casa em que não houvesse um morto. ³¹ Noite ainda, o faraó mandou chamar Moisés e Aarão e lhes disse: "Levantai-vos e saí do meio de meu povo, vós e os filhos de Israel. Parti, pois, para prestar culto ao Senhor, como dissestes! ³² Levai também vossas ovelhas e vossos bois, como pedistes. Ide e abençoai-me."

³³ Os egípcios pressionavam o povo para que saísse o quanto antes do país, pois, diziam: "Morreremos todos!" ³⁴ O povo teve de levar até a massa antes que levedasse e as amassadeiras envoltas em mantas e atadas aos ombros.

A libertação – a partida do povo de Israel

³⁵ Os israelitas fizeram também o que Moisés tinha mandado e pediram aos egípcios objetos de prata e de ouro e também roupas. ³⁶ O Senhor fizera com que eles granjeassem a simpatia dos egípcios e estes lhes davam o que pediam. Foi assim que despojaram os egípcios.

³⁷ Os israelitas partiram de Ramsés em direção a Sucot; eram cerca de seiscentos mil homens, sem contar as crianças. ³⁸ Acompanhava-os ainda numerosa multidão, além dos consideráveis rebanhos de ovelhas e de bois. ³⁹ Assaram pães sem fermento com a massa que haviam levado do Egito e que não estava levedada, porquanto foram expulsos do Egito e não puderam se deter nem preparar provisões.

⁴⁰ O tempo de permanência dos israelitas no Egito foi de quatrocentos e trinta anos. ⁴¹ No mesmo dia em que se completavam esses quatrocentos e trinta anos, todos os exércitos do Senhor saíram do Egito. ⁴² Essa noite foi uma noite de vigília para o Senhor porque no decurso dela os tirou do Egito; essa noite é uma vigília a ser celebrada de geração em geração por todos os israelitas, em honra do Senhor.

Prescrições sobre a celebração da Páscoa

⁴³ O Senhor disse a Moisés e a Aarão: "Esta é a lei relativa à Páscoa: nenhum estrangeiro comerá dela. ⁴⁴ Todo escravo comprado a dinheiro e que tiver sido circuncidado, dela poderá comer, ⁴⁵ mas o estrangeiro e o assalariado dela não comerão. ⁴⁶ Cada cordeiro deverá ser comido dentro de uma casa; nenhum pedaço de carne deverá ser le-

A libertação do Egito

Ilustração sobre a Décima Praga do Egito – revista francesa Magasin Pittoresque (1880)

Das dez pragas lançadas contra o Egito, nenhuma foi tão cruel quanto a morte de todos os primogênitos, humanos ou animais, incluindo o filho do faraó, que sofreu demais com a perda. Foi para fazer com que os hebreus escapassem da punição que Deus estabeleceu a Páscoa. O sangue de cordeiro marcando as portas avisada onde o anjo da morte não deveria passar.

vado para fora da casa, nem se deverá quebrar osso algum. **47** Toda a comunidade de Israel celebrará a Páscoa. **48** Se um estrangeiro que mora em tua casa quiser celebrar a Páscoa do Senhor, todos os homens de sua família devem ser circuncidados; então poderá celebrá-la e será considerado como um nativo do país. Nenhum incircunciso, porém, poderá comer a Páscoa. **49** A mesma lei vale para o nativo como para o estrangeiro que habita entre vós."

50 Todos os filhos de Israel fizeram o que o Senhor havia ordenado a Moisés e a Aarão. **51** Nesse mesmo dia, o Senhor tirou os israelitas do Egito, segundo seus exércitos.

13

1 O Senhor disse a Moisés: **2** "Consagra a mim todo primogênito entre os israelitas, tanto homem como animal; ele será meu." **3** Moisés disse ao povo: "Lembrai-vos sempre desse dia em que saístes do Egito, da casa da escravidão, quando o Senhor vos tirou com o poder de sua mão desse lugar; não comereis, portanto, pão fermentado. **4** Vós saís hoje do Egito, no mês das espigas. **5** Assim, pois, quando o Senhor te houver introduzido na terra dos cananeus, dos heteus, dos amorreus, dos heveus e dos jebuseus, terra que jurou a teus antepassados que te daria, terra onde corre leite e mel, observarás este rito nesse mês. **6** Durante sete dias, comerás pães sem fermento e ao sétimo dia haverá uma festa em honra do Senhor. **7** Durante sete dias, comerás pães sem fermento e não deverá haver em tua casa nem fermento nem qualquer coisa fermentada, em toda a extensão do território. **8** Nesse mesmo dia, explicarás a teu filho que isto é feito em memória do que o Senhor fez por ti quando saíste do Egito. **9** Isto será para ti como um sinal em teu braço, como uma marca entre teus olhos, para que a lei do Senhor esteja em tua boca, pois foi a mão forte do Senhor que te tirou do Egito. **10** Observarás, portanto, esta prescrição ano após ano, na data marcada."

Pintura a óleo de Jan Symonsz Pynas (1610) – Amsterdam, Holanda

Prescrições sobre os primogênitos

11 "Quando o Senhor te houver introduzido na terra dos cananeus, como jurou a ti e a teus ancestrais, e quando te houver dado essa terra, **12** consagrarás ao Senhor todos os primogênitos; mesmo os primogênitos de teus animais, os machos, e eles pertencerão ao Senhor. **13** O primogênito da jumenta, porém, deverás resgatá-lo mediante a troca por um cordeiro; se não o resgatares, lhe quebrarás a nuca. O primogênito do homem, entre teus filhos, sempre deverá, porém, ser resgatado. **14** Quando um dia teu filho te perguntar o que isso significa, lhe dirás: 'O Senhor nos tirou com mão forte do Egito, da casa da escravidão. **15** Como o faraó se obstinasse e não quisesse nos deixar partir, o Senhor matou todos os primogênitos do Egito, desde o primogênito do homem até o primogênito dos animais; por isso, eu sacrifico ao Senhor todos os primogênitos machos dos animais e resgato todo primogênito entre meus filhos. **16** Isto será como um sinal em teu braço, como uma marca entre teus olhos porque o Senhor, com mão forte, nos tirou do Egito'."

A partida dos israelitas

17 Quando o faraó deixou o povo partir, Deus não o conduziu pelo caminho da terra dos filisteus, que é o mais curto, pois disse: "Talvez o povo possa se arrepender no momento em que tiver de entrar em combate e queira voltar para o Egito." **18** Por isso Deus fez o povo dar uma volta pelo deserto, para os lados do Mar Vermelho. Os israelitas partiram do Egito bem armados. **19** Moisés levou consigo os ossos de José, pois este havia feito os filhos de Israel jurar solenemente: "Quando Deus vos visitar, levareis daqui meus ossos convosco."

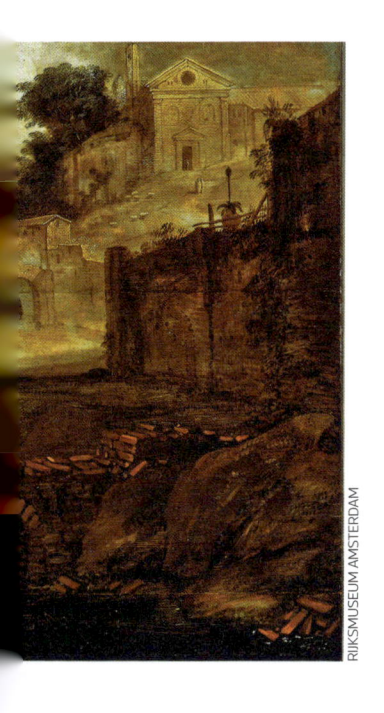

Aarão, irmão do profeta, foi crucial nas negociações pela libertação do povo hebreu. Afinal, sendo gago e extremamente tímido, Moisés precisava de um porta-voz. Aarão também realizou milagres e lançou pragas, como transformar a água do rio Nilo em sangue. O povo egípcio, aliás, sofreria muito com as maldições, que escureceram os céus e acabaram com os alimentos.

20 Partiram de Sucot e acamparam em Etam, à entrada do deserto. **21** O Senhor ia na frente deles: de dia, numa coluna de nuvem para mostrar-lhes o caminho; de noite, numa coluna de fogo para os iluminar, de modo que podiam caminhar de dia e de noite. **22** A coluna de nuvens nunca deixou de os preceder durante o dia, nem a coluna de fogo durante a noite.

Passagem do mar Vermelho

14 **1** O Senhor disse a Moisés: **2** "Fala aos filhos de Israel que voltem e acampem diante de Fiairot, entre Magdol e o mar, diante de Baal-Sefon. Acampareis frente a esse lugar, junto ao mar. **3** Então o faraó vai pensar que os israelitas andam perdidos pelo país e que o deserto os encurralou. **4** Endurecerei o coração do faraó e ele vos perseguirá, mas eu triunfarei com glória, derrotando o faraó e todo o seu exército. E os egípcios saberão que eu sou o Senhor." Os israelitas assim fizeram.

5 Quando comunicaram ao rei do Egito que o povo havia fugido, o faraó e seus ministros mudaram de opinião com relação ao povo e disseram: "Que fizemos, deixando Israel partir e privando-nos assim de seu trabalho em nosso favor?" **6** O faraó mandou preparar seu carro e organizar as tropas. **7** Mandou aprontar seiscentos carros de elite e reunir todos os carros de guerra do Egito com seus combatentes em cada um deles. **8** O Senhor endureceu o coração do faraó, rei do Egito, que começou a perseguir os israelitas. Estes haviam partido de cabeça erguida.

9 Os egípcios saíram em perseguição com todos os cavalos e carros do faraó, seus cavaleiros e seu exército, e os alcançaram quando estavam acampados junto ao mar, em Fiairot, diante de Baal-Sefon. **10** Ao notarem que o faraó e os egípcios se aproximavam e vinham a seu encalço, os israelitas se encheram de medo e clamaram ao Senhor. **11** Disseram a Moisés: "Será que não havia sepulturas no Egito, para nos tirares de lá e morrermos no deserto? Por que fizeste isto conosco, tirando-nos do Egito? **12** Não te dizíamos nós no Egito: Deixa-nos servir os egípcios, pois não é melhor ser escravos dos egípcios do que morrer no deserto?" **13** Moisés, porém, disse ao povo: "Não temais! Ânimo, e hoje vereis o que o Senhor há de fazer para vos libertar, porquanto os egípcios, que hoje estais vendo, não os vereis nunca mais. **14** O Senhor combaterá por vós. Quanto a vós, ficai tranqüilos!"

No desenho de Gustave Doré, o faraó finalmente aceitava liberar os hebreus da escravidão. Mas Deus, mais uma vez, fez com que o líder egípcio mudasse de ideia. Ele havia adiantado: "Endurecerei o coração do faraó e eles vos perseguirá". O exército se lançou em velocidade contra o povo judeu, que seguia pacificamente na direção do mar.

A libertação do Egito

Ilustração de Gustave Doré (1885) para coleção Livros do Antigo e Novo Testamentos – Stuttgart, Alemanha

15 O Senhor disse a Moisés: "Por que clamas a mim? Ordena aos filhos de Israel que avancem. **16** E tu, ergue o bastão, estende tua mão sobre o mar e divide-o ao meio para que os filhos de Israel possam atravessá-lo a pé enxuto. **17** Vou endurecer o coração dos egípcios para que eles vos persigam e eu triunfarei com glória sobre o faraó e todo seu exército, seus carros e seus cavaleiros. **18** Os egípcios saberão que eu sou o Senhor, quando tiver alcançado este glorioso triunfo sobre o faraó, seus carros e seus cavaleiros."

19 O anjo de Deus, que marchava à frente do exército de Israel, se retirou e passou para a retaguarda. A coluna de nuvens que os precedia também se postou atrás deles, **20** entre o acampamento dos egípcios e o de Israel. A nuvem era escura para os primeiros e iluminava os últimos, de tal modo que impediu a aproximação entre ambos, durante a noite inteira.

21 Moisés estendeu a mão sobre o mar e o Senhor o fez recuar com um vento impetuoso que vinha do oriente e que soprou a noite toda. O mar ficou seco e as águas se dividiram. **22** Os israelitas entraram pelo mar a pé enxuto, enquanto as águas formavam duas muralhas, à direita e à esquerda. **23** Na perseguição, os egípcios entraram atrás deles com todos os cavalos do faraó, seus carros e seus cavaleiros até o meio do mar. **24** De madrugada, do alto da coluna de fogo e daquela de nuvens, o Senhor olhou para o acampamento dos egípcios e semeou o pânico no meio deles. **25** Emperrou as rodas de seus carros, levando-os a avançar com dificuldade. Então os egípcios disseram: "Vamos fugir de Israel porque o Senhor combate por eles contra o Egito." **26** O Senhor disse a Moisés: "Estende tua mão sobre o mar e as águas voltarão sobre os egípcios, sobre seus carros e seus cavaleiros." **27** Moisés estendeu a mão sobre o mar e, pela manhã, este retornou a seu leito. Os egípcios, ao fugirem, foram de encontro a ele, e o Senhor os lançou no meio do mar, **28** pois as águas voltaram e cobriram os carros e os cavaleiros de todo o exército do faraó, que os haviam seguido no mar. Nem um só deles escapou. **29** Os israelitas, porém, passaram pelo meio do mar a pé enxuto, enquanto as águas formavam uma muralha à direita e outra à esquerda.

30 Foi assim que nesse dia o Senhor salvou Israel da mão dos egípcios. E Israel viu os cadáveres dos egípcios na praia do mar. **31** Israel contemplou a poderosa mão do Senhor abater os egípcios. Então o povo temeu ao Senhor e acreditou nele e em seu servo Moisés.

Canto de vitória

15 **1** Nesse dia, Moisés e os filhos de Israel entoaram ao Senhor este cântico:
"Cantarei ao Senhor, pois sua vitória foi gloriosa.
Precipitou no mar cavalos e seus cavaleiros.

2 O Senhor é minha força e meu canto;
ele foi minha salvação.
Ele é meu Deus e eu o louvarei;
ele é o Deus de meu pai e eu o exaltarei.

3 O Senhor é guerreiro; seu nome é Javé.
4 Lançou no mar os carros do faraó e seu exército;
a elite de suas tropas ele afogou no Mar Vermelho.

5 As águas os cobriram
e eles afundaram como pedras.
6 Tua direita, Senhor, mostrou seu poder,
tua direita, Senhor, aniquilou o inimigo.
7 Com sublime grandeza abateste teus adversários,
desencadeaste tua ira que os devorou como palha.

8 Ao sopro de tuas narinas, as águas se amontoaram,
as ondas se levantaram como muralhas
e os vagalhões se congelaram no coração do mar.
9 O inimigo dizia: 'Eu os perseguirei, alcançarei,
repartirei seus despojos e com eles me saciarei;
sacarei minha espada e minha mão os destruirá.'
10 Sopraste teu vento e o mar os cobriu;
submergiram como chumbo nas águas profundas.
11 Quem entre os deuses é semelhante a ti, Senhor?
Quem é como tu, glorioso e santo,
temível por louváveis feitos, autor de maravilhas?
12 Estendeste tua mão direita e a terra os engoliu.

13 Conduziste com amor este povo que libertaste
e com teu poder o levaste à tua santa morada.
14 Os povos ouviram e estremeceram,
o terror se apoderou dos filisteus.
15 Os príncipes de Edom ficaram aterrorizados,
os poderosos de Moab ficaram dominados pelo temor,
os habitantes de Canaã tremeram de medo.

16 Angústia e tremor caiu sobre todos eles,
o poder de teu braço os deixou petrificados,
até que teu povo tivesse passado, Senhor,
até que passasse este povo que adquiriste.

17 Tu o conduzirás e o plantarás na montanha de tua herança,
no lugar que tu, Senhor, preparaste para tua habitação,
no santuário, Senhor, que tuas mãos prepararam.
18 O Senhor reina para sempre, sem fim!"

19 Quando os cavalos do faraó entraram no mar com seus carros e cavaleiros, o Senhor fez voltar as águas sobre eles, enquanto os filhos de Israel atravessaram o mar a pé enxuto. **20** A profetisa Maria, irmã de Aarão, tomou um tamborim na mão e todas as mulheres a seguiram com seus tamborins, dançando. **21** Maria entoava:

"Cantai ao Senhor, pois sua vitória é gloriosa,
precipitou no mar cavalos e cavaleiros."

A libertação do Egito

Passaggio Del Mar Rosso, pintura a óleo de Luca Giordano (1681) - Igreja Santa Maria Maggiore, Bergamo, Itália

RENATA SEDMAKOVA/SHUTTERSTOCK

Na beira do mar, com o exército egípcio em seu encalço, o povo duvidou de Deus e de Moisés pela primeira de muitas vezes. Mas eis que o profeta estendeu o bastão e, num gesto de impacto enorme, mandou as águas se abrirem para que os escolhidos de Javé atravessassem. Milagrosamente, o mar se afastou para o povo passar enquanto cantava em agradecimento.

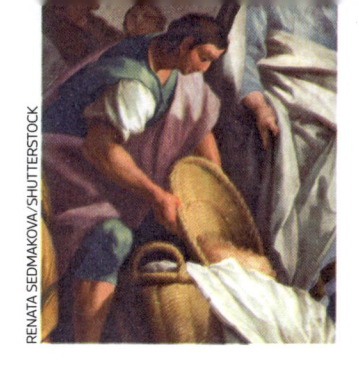

Israel no deserto

16 As águas de Mara

22 Moisés fez partir os israelitas do Mar Vermelho e os dirigiu para o deserto de Sur. Caminharam três dias no deserto sem encontrar água. **23** Quando chegaram a Mara, não puderam beber de suas águas porque eram amargas; foi por isso que deram ao lugar o nome de Mara. **24** O povo começou a murmurar contra Moisés, dizendo: "O que vamos beber?" **25** Moisés clamou ao Senhor e este lhe mostrou uma planta. Moisés a jogou na água e esta se tornou doce. Foi nesse local que ele deu ao povo preceitos e normas, colocando-o à prova **26** e dizendo: "Se ouvires a voz do Senhor, teu Deus, se fizeres o que é correto diante de seus olhos, se inclinares teus ouvidos a seus mandamentos e observares todas as suas leis, não mandarei sobre ti nenhum dos males com que acabrunhei o Egito, pois eu sou o Senhor que te cura."

27 Chegaram então a Elim, onde havia doze fontes de água e setenta palmeiras. E aí acamparam, junto às águas.

As codornas e o maná

1 Toda a comunidade de Israel partiu de Elim e foi para o deserto de Sin, situado entre Elim e o Sinai. Era o dia quinze do segundo mês, após a saída do Egito. **2** Toda a comunidade dos israelitas começou a murmurar contra Moisés e Aarão no deserto, **3** dizendo: "Oxalá tivéssemos morrido pela mão do Senhor no Egito, onde estávamos sentados junto às panelas de carne, onde comíamos pão em abundância! Vós nos trouxestes a este deserto para que toda esta multidão morra de fome!" **4** O Senhor disse a Moisés: "Farei chover sobre vós pão do céu e o povo sairá e colherá a porção para cada dia. Deste modo o porei à prova, para ver se anda ou não segundo minhas ordens. **5** No sexto dia, porém, eles deverão preparar o que recolherem que será o dobro do que recolhem cada dia."

6 Moisés e Aarão disseram então a todos os israelitas: "Esta tarde sabereis que foi o Senhor quem vos tirou do Egito **7** e amanhã de manhã vereis a glória do Senhor, porquanto ouviu vossas murmurações contra ele. Nós, porém, quem somos para que murmureis contra nós?" **8** E Moisés acrescentou: "Esta tarde, o Senhor vos dará carne para comer e amanhã de manhã pão em fartura, pois ele ouviu as murmurações que proferistes contra ele. Nós, porém, quem somos? Vossas murmurações não são dirigidas contra nós, e sim contra o Senhor."

9 Moisés disse a Aarão: "Dirige-te a toda a comunidade dos israelitas e convoca-os: Aproximai-vos do Senhor porque ele ouviu vossas murmurações." **10** Enquanto Aarão

Israel no deserto

Submersão do Faraó no Mar Vermelho, óleo sobre tela de
Andrea Previtali (1515-20) – Gallerie dell'Accademia, Veneza, Itália

GALERIA DA ACADEMIA, VENEZA

Induzido por Deus a perseguir os hebreus, o faraó penetrou no mar aberto. Mas, assim que o povo de Moisés terminou a travessia, as águas se fecharam. Todo aquele batalhão do poderoso exército do Egito morreu afogado — incluindo o monarca, que sofreu uma derrota inédita para um dos mais poderosos reinos da história. Os hebreus assistiram, em glória, à vitória do Criador.

falava a toda a comunidade dos israelitas, eles olharam para o deserto e viram que a glória do Senhor apareceu numa nuvem. **11** O Senhor falou a Moisés: **12** "Ouvi as murmurações dos filhos de Israel. Fala-lhes que à tarde comerão carne e pela manhã se fartarão de pão. E assim ficarão sabendo que eu sou o Senhor, seu Deus."

13 À tarde, um bando de codornizes cobriu o acampamento e, na manhã seguinte, havia uma camada de orvalho ao redor do acampamento. **14** Quando o orvalho evaporou, a superfície do deserto apareceu coberta de pequenos flocos, parecidos com cristais de gelo.

15* Vendo isso, os israelitas se perguntavam uns aos outros: "Que é isso?" Não sabiam mesmo o que fosse. Moisés lhes disse: "Este é o pão que o Senhor vos manda para comer. **16** E ele ordena que cada um recolha o quanto lhe for necessário para comer, isto é, um gomor por cabeça, segundo o número de pessoas que se encontrarem sob sua tenda."

17 Assim fizeram os israelitas; alguns colheram mais, outros menos. **18** Quando as quantias foram medidas, não sobrava a quem havia recolhido mais, nem faltava ao que recolhera pouco. Cada um tinha recolhido o que necessitava para comer.

19 Moisés lhes disse: "Ninguém guarde nada para a manhã seguinte." **20** Eles, porém, não deram ouvidos a Moisés e alguns o guardaram para o dia seguinte; mas criou vermes e cheirava mal. Por isso, Moisés ficou indignado com eles. **21** A cada manhã eles recolhiam o quanto cada um podia comer porque o calor do sol o derretia. **22** No sexto dia, recolheram quantidade dupla do alimento, dois gomores para cada um. E todos os chefes da comunidade referiram-no a Moisés **23** que lhes disse: "É isso mesmo que o Senhor ordenou. Amanhã é dia de repouso, sábado, consagrado ao Senhor. Cozinhai, pois, o que quiserdes cozinhar e fervei o que quiserdes ferver; separai o que sobrar e guardai-o para amanhã." **24** Guardaram-no até o dia seguinte, como Moisés tinha ordenado, e não exalou mau cheiro nem criou vermes. **25** Moisés disse: "Comei-o hoje, pois é o sábado do Senhor e, além do mais, não o encontrareis no campo. **26** Seis dias o recolhereis, pois no sétimo dia, que é sábado, não o encontrareis."

27 No sétimo dia, alguns do povo saíram para o recolher, mas nada encontraram.

28 O Senhor disse então a Moisés: "Até quando vos recusareis a guardar meus mandamentos e minhas leis? **29** Considerai que é o Senhor que vos deu o sábado e é por isso que, no sexto dia, ele vos dá alimento para dois dias. Cada um fique onde está e ninguém saia de seu lugar no sétimo dia." **30** Assim, no sétimo dia, o povo repousou.

31 Os israelitas deram a esse alimento o nome de maná. Era branco como a semente de coentro e tinha o sabor de bolo de mel.

32 Moisés disse: "Esta é a ordem do Senhor: conservai um gomor dele e guardai-o para vossas futuras gerações, para que possam ver o pão com que vos alimentei neste deserto, quando eu vos tirei do Egito."

---

* De man-hu, o que é isso?, viria a palavra maná, segundo etimologia popular.

> "Este é o pão que o Senhor vos manda para comer. E ele ordena que cada um recolha o quanto lhe for necessário para comer, isto é, um gomor por cabeça, segundo o número de pessoas que se encontrarem sob sua tenda."

Israel no deserto

33 Moisés disse a Aarão: "Busca uma vasilha e põe nela a quantia de um gomor cheio de maná e deposita-a diante do Senhor, a fim de o conservar para as futuras gerações." **34** Conforme o Senhor tinha ordenado a Moisés, Aarão o pôs diante do Testemunho para que fosse conservado.

35 Os israelitas comeram maná durante quarenta anos, até chegarem em terra habitada. Comeram maná até que chegaram à fronteira da terra de Canaã. **36** Um gomor equivale à décima parte do efá.

17 Água jorra da rocha

1 Toda a comunidade dos israelitas partiu do deserto de Sin, por etapas, segundo uma ordem do Senhor, e acampou em Rafidim, onde não havia água para o povo beber. **2** Então o povo discutiu com Moisés, dizendo: "Dá-nos água para beber." Moisés respondeu: "Por que discutis comigo? Por que provocais o Senhor?" **3** O povo, porém, atormentado pela sede, murmurava contra Moisés, dizendo: "Por que nos tiraste do Egito? Para matar de sede a nós, nossos filhos e nossos animais?" **4** Moisés clamou ao Senhor: "Que farei com este povo? Dentro em pouco vai me apedrejar!" **5** O Senhor respondeu a Moisés: "Passa à frente do povo e leva contigo alguns anciãos de Israel. Leva na mão o bastão com que tocaste o Nilo e caminha. **6** Estarei à tua espera junto à rocha do monte Horeb. Ferirás o rochedo e dele jorrará água para

Pintura em pedra de autoria desconhecida (século 16) – Catedral de Santa Maria Assunta, Pádua, Itália

o povo beber." Moisés assim fez, na presença dos anciãos de Israel **7** e deu a esse lugar o nome de Massa e Meriba, por causa da discussão que os israelitas tiveram com ele, colocando à prova o Senhor, dizendo: "O Senhor está ou não no meio de nós?"

Vitória sobre os amalecitas

8 Os amalecitas vieram atacar Israel em Rafidim. **9** Moisés disse a Josué: "Escolhe certo número de homens e sai para combater os amalecitas. Amanhã eu estarei no alto da colina com o bastão de Deus na mão." **10** Josué fez o que Moisés lhe havia dito e saiu para dar combate aos amalecitas, ao passo que Moisés, Aarão e Hur subiram até o alto da colina. **11** Enquanto Moisés ficava com as mãos levantadas, Israel vencia; quando ele abaixava as mãos, Amalec triunfava. **12** Os braços de Moisés já estavam pesados; por isso, tomaram uma pedra e a puseram por baixo para que ele pudesse sentar-se nela, enquanto Aarão e Hur lhe sustentavam os braços, um de cada lado. Assim, as mãos de Moisés ficaram firmes até o pôr-do-sol. **13** E Josué derrotou Amalec e seu exército ao fio da espada.

14 O Senhor disse a Moisés: "Escreve isto num livro como memória e fala a Josué que eu apagarei a memória de Amalec de debaixo dos céus." **15** Moisés erigiu um altar e lhe deu o nome de Javé-Nessi [o Senhor é minha bandeira]. **16** E disse: "Já que a mão foi levantada contra o trono do Senhor, haverá guerra do Senhor contra Amalec de geração em geração."

Faltou comida para a multidão que atravessava o deserto em busca da Terra Prometida. Mais uma vez, o povo deu prova de sua pouca fé. Até que Deus fez chover maná, o pão do céu. Ele explicou que cada família devia pegar apenas o que precisava para um dia. No sexto dia, podia recolher a porção dobrada, para não precisar trabalhar no sétimo.

18

O encontro de Jetro e Moisés

1 Jetro, sacerdote de Madian e sogro de Moisés, ficou sabendo de tudo o que Deus havia feito por Moisés e por Israel, seu povo, e como o Senhor havia tirado Israel do Egito. **2** Jetro, sogro de Moisés, acolheu Séfora, mulher de Moisés, depois que tinha sido mandada para casa, **3** com seus dois filhos. Um deles se chamava Gérson porque Moisés havia dito: "Sou um peregrino em terra estrangeira." **4*** O segundo se chamava Eliezer porque havia dito: "O Deus de meu pai me socorreu e me livrou da espada do faraó." **5** Acompanhado da mulher e dos dois filhos de Moisés, seu sogro Jetro foi encontrar-se com ele no deserto, onde estava acampado, junto à montanha de Deus. 6 Mandou dizer a Moisés: "Sou teu sogro Jetro que vem te ver, juntamente com tua mulher e teus dois filhos." **7** Moisés foi ao encontro do sogro, inclinou-se e o beijou. Trocaram cumprimentos e entraram na tenda. **8** Moisés contou ao sogro tudo o que o Senhor tinha feito ao faraó e aos egípcios por causa de Israel, todas as dificuldades que tinham enfrentado no caminho e como o Senhor os havia livrado delas. **9** Jetro se alegrou com todo o bem que o Senhor havia feito a Israel, livrando-o das mãos dos egípcios. **10** E disse: "Bendito seja o Senhor que vos livrou das mãos dos egípcios e da mão do faraó. Ele arrancou este povo da opressão dos egípcios. 11 Agora reconheço que o Senhor é o maior de todos os deuses, pelo modo como eram os egípcios arrogantes contra este povo." **12** Em seguida Jetro, sogro de Moisés, ofereceu a Deus um holocausto e sacrifícios. Aarão e todos os anciãos de Israel vieram se reunir ao sogro de Moisés para participar do banquete na presença de Deus.

A escolha de juízes entre o povo

13 No dia seguinte, Moisés sentou-se para resolver questões entre o povo que se conservou de pé diante dele, desde a manhã até o anoitecer. **14** O sogro de Moisés viu tudo o que ele fazia pelo povo e disse: "O que é que estás fazendo com o povo? Por que ficas sentado sozinho e todo o povo te procura da manhã até a noite?" **15** Moisés respondeu ao sogro: "Este povo me procura para consultar a Deus. **16** Quando tem alguma questão, me procura para que eu a resolva e explique as ordens e as leis de Deus." **17** O sogro de Moisés replicou: "Não está certo o que fazes! **18** Certamente te esgotarás, assim como todo este povo que está aqui, pois é uma tarefa por demais pesada e não podes levá-la avante sozinho. **19** Aceita um conselho que te dou e Deus estará contigo. Tu deves representar o povo diante de Deus e levar as causas desse povo a Deus. **20** Ensina-lhes suas ordens e leis, mostra-lhes o caminho a seguir e como devem agir. **21** Fora isso, escolhe dentre todo o povo homens capazes, tementes a Deus, íntegros, desinteressados e estabelece-os como chefes de mil, chefes de cem, de cinquenta e de dez. **22** Eles administrarão a justiça junto ao povo o tempo todo. As causas importantes serão reservadas para ti, mas todas as questões de menor importância serão resolvidas por eles. Desse modo, aliviarão tua carga e cada um fará sua parte. **23** Se assim fizeres e Deus o ordenar, poderás então suportar tua tarefa e todo este povo voltará para casa em paz."

24 Moisés aceitou o conselho do sogro e fez tudo quanto este lhe havia dito. **25** Escolheu em Israel homens capazes e os estabeleceu como chefes do povo, chefes de mil, de cem, de cinquenta e de dez. **26** Eles administravam a justiça para o povo durante todo o tempo, levando a Moisés somente as questões mais complexas; as simples, eles mesmos resolviam. **27** Depois, Moisés se despediu do sogro e este voltou para sua terra.

---

* Eliezer: nome composto de Eli [Deus] e ezer, auxílio, com o sentido de 'Deus é meu auxílio, socorro'.

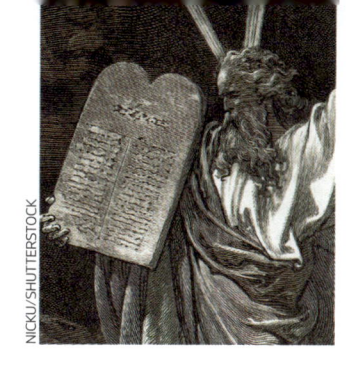

A Aliança no Sinai

19 Deus se manifesta no monte

1 No dia em que se completava o terceiro mês da saída dos israelitas do Egito, eles chegaram ao deserto do Sinai. **2** Partindo de Rafidim, chegaram ao deserto do Sinai e acamparam diante da montanha. **3** Então Moisés subiu a montanha de Deus e o Senhor o chamou do alto do monte, dizendo: "Assim falarás à casa de Jacó e anunciarás aos filhos de Israel: **4** Vistes o que fiz aos egípcios e como vos carreguei sobre asas de águia e vos trouxe a mim. **5** Agora, pois, se obedecerdes à minha voz e observardes minha aliança, sereis minha propriedade, escolhida entre todos os povos porque toda a terra me pertence. **6** Vós, porém, sereis para mim um reino de sacerdotes e uma nação santa. Estas são as palavras que deverás dizer aos filhos de Israel."

7 Moisés voltou, convocou os anciãos do povo e lhes comunicou as palavras que o Senhor lhe havia ordenado repetir.

8 Então todo o povo respondeu a uma só voz: "Faremos tudo o que o Senhor mandou." Moisés referiu ao Senhor as palavras do povo. **9** E o Senhor disse a Moisés: "Vou me aproximar de ti numa nuvem espessa, para que o povo possa ouvir quando eu te falar e para que também acredite sempre em ti." E Moisés transmitiu tudo o que o povo havia dito ao Senhor **10** que lhe disse: "Volta ao povo e purifica-o hoje e amanhã. Que lavem suas roupas **11** e estejam preparados para o terceiro dia porque, depois de amanhã, o Senhor descerá sobre o monte Sinai, diante dos olhos de todo o povo. **12** Deverás traçar limites em torno da montanha e dizer ao povo que não suba, nem se aproxime da encosta, pois quem tocar na montanha deverá ser morto. **13** Mão alguma deverá tocar no culpado e será apedrejado ou morto a flechadas, seja ele animal, seja homem, não deverá ficar vivo. Somente quando a trombeta soar, alguns poderão subir a montanha."

14 Moisés desceu do monte para junto do povo e fez com que se purificasse e lavasse suas roupas. **15** Em seguida, disse ao povo: "Ficai preparados para depois de amanhã e não mantenhais relações com mulher alguma."

16 Na manhã do terceiro dia, houve trovões e relâmpagos e uma espessa nuvem desceu sobre a montanha, enquanto o toque da trombeta ressoava com grande força. Todo o povo que estava no acampamento tremia. **17** Moisés conduziu o povo para fora do acampamento ao encontro de Deus. Todos eles se distribuíram ao pé da montanha. **18** Todo o monte Sinai fumegava porque o Senhor havia descido sobre ele no meio do fogo e a fumaça subia como fumaça de uma fornalha. E toda a montanha tremia com violência. **19** O som da trombeta aumentava cada vez mais, enquanto

A Aliança no Sinai

Relevos medievais com a escultura de Moisés no Palácio dos Doges – Veneza, Itália

CRIS FOTO / SHUTTERSTOCK

"O Senhor desceu no topo do monte Sinai e chamou Moisés lá para o alto", diz a Bíblia. Sozinho, depois de 40 dias no topo da montanha, o profeta recebeu as tábuas com os Dez Mandamentos, escritas pelas mãos do próprio Criador. O negociador tímido do passado havia se transformado no interlocutor direto de Deus e portador de suas mensagens de sabedoria.

Moisés falava e Deus lhe respondia com os trovões. ²⁰O Senhor desceu no topo do monte Sinai e chamou Moisés lá para o alto. Quando Moisés subiu, ²¹o Senhor lhe disse: "Desce e adverte o povo para que não ultrapasse os limites para ver o Senhor; caso contrário, muitos deles poderiam morrer. ²²Mesmo os sacerdotes que se aproximarem do Senhor, que estejam purificados para que o Senhor não se volte contra eles." ²³Moisés disse ao Senhor: "O povo não poderá subir o monte Sinai, pois tu nos ordenaste expressamente a traçar os limites em torno da montanha e declará-la sagrada." ²⁴O Senhor, porém, lhe disse: "Vai, desce. Subirás em seguida com Aarão. Os sacerdotes, porém, e o povo não devem ultrapassar os limites para subir junto ao Senhor, pois este se voltaria contra eles." ²⁵Então Moisés desceu até o povo e falou para todos.

O decálogo ou os dez mandamentos

20 ¹Então Deus pronunciou todas estas palavras: ²"Eu sou o Senhor teu Deus que te tirei da terra do Egito, da casa da escravidão.
³Não terás outros deuses diante de mim.

⁴Não farás para ti ídolos, nem representação alguma do que existe lá em cima no céu ou aqui embaixo na terra, ou nas águas debaixo da terra. ⁵Não te prostrarás diante delas nem lhes prestarás culto, porque eu, o Senhor, teu Deus, sou um Deus ciumento que vingo a iniqüidade dos pais nos filhos, nos netos e bisnetos daqueles que me odeiam, ⁶mas uso de misericórdia até a milésima geração com aqueles que me amam e guardam meus mandamentos.

⁷Não pronunciarás em vão o nome do Senhor, teu Deus, porque o Senhor não deixará impune aquele que pronunciar o nome dele em vão.

⁸Lembra-te de santificar o dia do sábado. ⁹Trabalharás durante seis dias e farás todas as tuas tarefas. ¹⁰O sétimo dia, porém, é o sábado do Senhor, teu Deus. Não farás trabalho algum, nem tu, nem teu filho, nem tua filha, nem teu servo, nem tua serva, nem teu animal, nem o estrangeiro que está dentro de tuas cidades. 11 Porque em seis dias o Senhor fez os céus, a terra, o mar e tudo o que neles existe, e no sétimo dia, ele descansou. Por isso, o Senhor abençoou o dia de sábado e o santificou.

¹²Honra teu pai e tua mãe para que se prolonguem teus dias na terra que o Senhor, teu Deus, te dá.

¹³Não matarás.

¹⁴Não cometerás adultério.

¹⁵Não furtarás.

¹⁶Não dirás falso testemunho contra teu próximo.

¹⁷Não cobiçarás a casa de teu próximo, não cobiçarás a mulher de teu próximo, nem seu escravo, nem sua escrava, nem seu boi, nem seu jumento, nem coisa alguma do que lhe pertence."

¹⁸Diante dos trovões e dos relâmpagos, do som da trombeta e do monte fumegando, todo o povo tremia e se conservava à distância. ¹⁹Então disseram a Moisés: "Fala tu conosco e nós te ouviremos; mas não nos fale Deus, para não morrermos." ²⁰Moisés disse ao povo: "Não temais, Deus veio para vos provar, a fim de que tenhais sempre presente o temor a ele e não pequeis." ²¹O povo se conservou à distância, enquanto Moisés se aproximava da nuvem escura, onde Deus estava.

Lei concernente aos altares

22 O Senhor disse a Moisés: "Assim dirás aos israelitas: Vistes que vos falei do alto dos céus. **23** Não me coloqueis entre deuses de prata, nem façais para vós mesmos deuses de ouro.

24 Um altar de terra, tu me levantarás e sobre ele oferecerás teus holocaustos e teus sacrifícios pacíficos, tuas ovelhas e teus bois. Em todo o lugar, onde eu quiser lembrar meu nome, virei a ti e te abençoarei. **25** Se me erigires um altar de pedras, não o farás de pedras talhadas porque estarias profanando a pedra com teu cinzel. **26** Não subirás a meu altar por degraus, para que não apareça tua nudez."

21

Leis relativas aos escravos

1 "Estas são as leis que promulgarás ao povo. **2** Quando comprares um escravo hebreu, ele te servirá por seis anos; no sétimo, ele poderá ir embora livre, sem pagar nada. **3** Se veio sozinho, sozinho sairá; se era casado, sua mulher partirá com ele. **4** Se o patrão lhe tiver dado uma esposa e esta tiver filhos ou filhas, a mulher e seus filhos pertencerão ao patrão e o escravo partirá sozinho. **5** Se o escravo disser: "Gosto de meu patrão, de minha mulher e de meus filhos, não quero ficar livre", **6** então o patrão o levará diante de Deus, fará com que ele se encoste na porta ou nos batentes e lhe furará a orelha com uma sovela; deste modo ele se tornará seu escravo para sempre.

7 Se alguém vender sua filha como escrava, ela não sairá nas mesmas condições dos escravos. **8** Se ela não agradar ao patrão, a quem ela estava destinada, ele deixará que a resgatem, mas não poderá vendê-la a estrangeiros, pois seria deslealdade para com ela. **9** Se a destinar a seu filho, haverá de tratá-la segundo o direito das filhas. **10** Se o patrão tomar uma nova mulher, ele não privará a primeira de nada, com relação à alimentação, roupas e direitos conjugais. **11** Se ele não lhe der estas três coisas, ela poderá partir livremente, sem pagar nada."

Leis sobre homicídio e ferimentos

12 "Quem ferir alguém, causando-lhe a morte, torna-se réu de morte. **13** Se, no entanto, não foi intencional, mas permissão de Deus que lhe caísse em suas mãos, eu lhe fixarei um lugar onde possa refugiar-se. **14** Se alguém, contudo, atentar premeditadamente contra seu próximo para o matar, até mesmo de meu altar o arrancarás para que seja morto.

15 Quem ferir seu pai ou sua mãe, torna-se réu de morte. **16** Quem seqüestrar um homem para vendê-lo ou ficar com ele, torna-se réu de morte. **17** Quem amaldiçoar seu pai ou sua mãe, torna-se réu de morte. **18** Se houver briga entre dois homens e um ferir o outro com pedra ou com o punho e ele não morrer, mas ficar de cama; **19** se ele voltar a andar, ainda que apoiado na bengala, aquele que o feriu será absolvido; pagará somente o tempo perdido e as despesas com o tratamento.

20 Se alguém ferir seu escravo ou sua escrava com um bastão e o ferido morrer em suas mãos, será punido. **21** Se, no entanto, sobreviver por um ou dois dias, não será punido porque foi comprado com seu dinheiro. **22** Numa briga entre homens, se um deles ferir uma mulher grávida e for causa de aborto sem maior dano, o culpado fica sujeito a uma indenização que lhe será imposta pelo marido dessa mulher e que deverá ser paga perante juízes. **23** Se houver, porém, dano grave, então pagará vida por vida, **24** olho por olho, dente por dente, mão por mão, pé por pé, **25** queimadura por queimadura, ferida por ferida, golpe por golpe.

26 Se alguém ferir o olho de seu escravo, ou o de sua escrava, e o cegar, deverá dar-lhe a liberdade em compensação pelo olho. **27** Se arrancar um dente de seu escravo ou de sua escrava, deverá dar-lhe a liberdade em compensação pelo dente. **28** Se um boi atingir com os chifres um homem ou mulher e lhe causar a morte, o boi será apedrejado e ninguém comerá de sua carne; mas o dono do boi será absolvido.

29 Se o boi, porém, já era acostumado a dar chifradas antes e seu dono, avisado, não o prendeu, o boi será apedrejado se matar um homem ou uma mulher, e seu dono também morrerá. **30** Se lhe for exigido resgate, então pagará o que lhe for exigido em troca de sua vida. **31** A mesma lei será aplicada, quando o boi ferir a chifradas um menino ou uma menina. **32** Se o boi ferir um escravo ou uma escrava, se deverá pagar ao dono do escravo trinta siclos de prata e o boi será apedrejado.

33 Se alguém deixar um poço aberto ou cavar um e não o cobrir e nele cair um boi ou um jumento, **34** o dono do poço o pagará; reembolsará em dinheiro o dono do animal e o animal morto será seu. **35** Se o boi de alguém ferir o boi de outra pessoa e morrer, o boi vivo deverá ser vendido e o dinheiro repartido; repartirão igualmente o boi morto. **36** Se, no entanto, o dono sabia que o boi já era habituado a dar chifradas e não o prendeu, pagará boi por boi, mas o boi morto será seu."

> "Quem ferir seu pai ou sua mãe, torna-se réu de morte. Quem seqüestrar um homem para vendê-lo ou ficar com ele, torna-se réu de morte. Quem amaldiçoar seu pai ou sua mãe, torna-se réu de morte"

Leis acerca de bens e propriedades

22 **1** "Se alguém roubar um boi ou uma ovelha e os abater ou vender, devolverá cinco bois por um e quatro ovelhas por uma.

2 Se um ladrão for surpreendido arrombando uma casa e for morto, o que o matou não será culpado de homicídio; **3** mas se o matar à luz do dia, será caso de homicídio. O ladrão restituirá tudo; se não tiver nada, será vendido para compensar seu roubo. **4** Se o que roubou for encontrado ainda vivo em seu poder, seja boi, jumento ou ovelha, ele deverá restituir em dobro.

5 Se alguém fizer estragos numa plantação ou numa vinha ou deixar seus animais pastarem no campo de outro, compensará os danos com o melhor de seu próprio campo e de sua vinha.

6 Se surgir um fogo que se alastra pelos espinheiros e queimar os feixes de trigo, a plantação ou o campo, o autor do incêndio pagará os danos.

7 Se alguém confiar a seu próximo dinheiro ou objetos para guardar e estes forem roubados da casa deste último, o ladrão, uma vez descoberto, pagará o dobro. **8** Se o ladrão não for encontrado, o dono da casa será levado diante de Deus para jurar que ele não se apoderou dos bens de seu próximo.

9 Em toda questão fraudulenta, quer se trate de um boi, jumento, ovelha, roupa ou

A Aliança no Sinai

Ilustração de Gustave Doré (1885) para coleção Livros do Antigo e Novo Testamentos – Stuttgart, Alemanha

O povo hebreu não teve paciência para esperar Moisés enquanto ele recebia as tábuas da lei. Aarão, o irmão do profeta, foi convencido a criar um bezerro de ouro, feito das joias que os israelitas carregavam consigo. Enlouquecida, a multidão começou a louvar ao falso ídolo, apesar de todos os milagres que havia presenciado no passado, desde os tempos de escravidão.

qualquer outro objeto perdido, de que se possa dizer 'Isto é meu!', a causa dos envolvidos será levada diante de Deus e aquele que Deus declarar culpado pagará ao outro em dobro.

10 Se alguém confiar a outro a guarda de um jumento, um boi, ovelha ou outro animal qualquer, e este morrer, quebrar um membro ou for roubado sem que haja testemunha, 11 a questão será resolvida por meio de juramento ao Senhor, a fim de provar que o responsável pela guarda do animal não se apoderou do bem de seu próximo; o dono aceitará o juramento e não haverá restituição. 12 Se o animal, porém, tiver sido roubado diante de seus olhos, ele indenizará o proprietário. 13 Se o animal tiver sido dilacerado por uma fera, o animal dilacerado será levado como prova e não haverá restituição.

14 Se alguém pedir emprestado a seu próximo um animal e este quebrar algum membro ou morrer, não estando presente o dono, então deverá pagar. 15 Se o dono estiver presente, não pagará; se o animal tiver sido alugado, o preço do aluguel será suficiente."

Leis morais e religiosas

16 "Se alguém seduzir uma virgem que não é noiva e dormir com ela, pagará o dote e se casará com ela. 17 Se o pai dela não quiser cedê-la, pagará em dinheiro o valor do dote das virgens.

18 Não deixarás viver a feiticeira.

19 Quem tiver relação sexual com algum animal será réu de morte.

20 Quem sacrificar a outros deuses, e não só ao Senhor, será votado ao interdito.

21 Não maltratarás o estrangeiro, nem o oprimirás, porquanto também vós fostes estrangeiros no Egito.

22 Não maltratareis a viúva e o órfão. 23 Se de algum modo os maltratardes e eles clamarem a mim, eu ouvirei seu clamor 24 e minha ira se inflamará e vos farei perecer pela espada; vossas mulheres ficarão viúvas e vossos filhos, órfãos.

25 Se emprestares dinheiro a alguém de meu povo, a um pobre que vive a teu lado, não te comportarás como um agiota: não lhe cobrarás juros.

26 Se tomares como penhor o manto de teu próximo, deverás devolvê-lo antes do pôr-do-sol 27 porque é seu único agasalho, é a veste com que cobre seu corpo; como iria cobrir-se ao deitar? Caso contrário, se ele clamar a mim, eu o ouvirei porque sou misericordioso.

28 A Deus não amaldiçoarás, nem amaldiçoes um chefe de teu povo.

29 Não tardarás em oferecer-me as primícias de tua colheita e de tua vindima. Entrega a mim teu filho primogênito. **30** Farás o mesmo com teus bois e tuas ovelhas; a cria ficará sete dias com sua mãe e no oitavo dia a entregarás a mim.

31 Vós sereis homens consagrados a mim. Não comereis da carne de animal que tiver sido dilacerado no campo; jogai-a aos cães."

23

1 "Não farás declarações falsas e não farás acordo com o culpado para testemunhar em favor do que é falso. **2** Não seguirás a multidão naquilo que é mau. Num processo, não deporás pendendo para o lado da maioria para perverter a justiça. **3** Não favorecerás nem mesmo ao pobre em seu processo.

4 Se encontrares, desgarrados, o boi ou o jumento de teu adversário, leva-os ao dono. 5 Se encontrares o jumento de teu adversário, sucumbindo sob a carga, não te desvies, mas ajuda-o a soerguê-lo.

6 Não distorcerás o direito do pobre em sua causa.

7 Afasta-te de toda falsidade. Não leves à morte o inocente e o justo, nem absolvas o culpado.

8 Não deverás aceitar suborno porque o suborno cega aqueles que têm olhos abertos e perverte as palavras dos justos.

9 Não oprimirás o estrangeiro, pois sabeis o que sente o estrangeiro, vós que fostes estrangeiros no Egito.

10 Durante seis anos semearás tua terra e recolherás seus frutos. **11** No sétimo ano, porém, a deixarás repousar sem cultivo para que os necessitados dentre teu povo encontrem o que comer. E os animais do campo comerão o que sobrar. Farás o mesmo com tua vinha e com teu olival. **12** Durante seis dias, farás teus trabalhos, mas no sétimo, descansarás para que descanse também teu boi, teu jumento e para que se refaçam o filho de tua escrava e o estrangeiro. **13** Observareis tudo o que vos tenho dito. Não pronunciareis o nome de outros deuses e sequer se ouça o nome deles em vossa boca."

Leis sobre as festas religiosas

14 "Três vezes ao ano celebrarás uma festa em minha honra. **15** A primeira será a festa dos Ázimos que deverá ser assim celebrada: durante sete dias, comerás pães sem fermento, como te ordenei, no tempo marcado do mês de Abib, porque foi nesse mês que saíste do Egito. Ninguém se apresentará diante de mim de mãos vazias. **16** A segunda será a festa da Messe, festa dos primeiros frutos de teus trabalhos de semeadura nos campos. A terceira é a festa da Colheita, no fim do ano, quando colheres os frutos de teu trabalho no campo. **17** Três vezes ao ano, toda a população do sexo masculino se apresentará diante do Senhor Deus.

18 Não oferecerás o sangue de minha vítima com pão fermentado, nem deverá ficar até o dia seguinte a gordura de minha festa.

19 Levarás à casa do Senhor, teu Deus, os primeiros frutos de tua terra. Não cozerás o cabrito no leite da mãe dele."

> "Não deverás aceitar suborno porque o suborno cega aqueles que têm olhos abertos e perverte as palavras dos justos".

Promessas e instruções sobre a entrada na Terra Prometida

20 "Vou enviar um anjo diante de ti para te proteger no caminho e para te conduzir ao lugar que te preparei. 21 Respeita-o e obedece-lhe. Não te revoltes contra ele, pois meu nome está nele e ele não perdoará tua rebeldia. 22 Se lhe obedeceres fielmente e fizeres tudo o que eu disser, então eu serei inimigo de teus inimigos e adversário de teus adversários. 23 Meu anjo irá à tua frente e te levará aos amorreus, aos heteus, aos ferezeus, cananeus, heveus e jebuseus e eu os exterminarei. 24 Não adorarás os deuses deles, nem os cultuarás, imitando suas práticas, antes destruirás os deuses deles e farás em pedaços seus locais sagrados. 25 Servirás ao Senhor, teu Deus, e ele abençoará teu pão e tua água e te preservará das enfermidades. 26 Em tua terra, não haverá mulher que aborte ou que seja estéril. O número de teus dias eu os completarei.

27 Enviarei diante de ti meu terror, semearei o pânico no meio de todos os povos por onde andares e porei em fuga todos os teus inimigos diante de ti. 28 Enviarei também vespas diante de ti e elas afugentarão os heveus, os cananeus e os heteus. 29 Não os expulsarei num só ano para que a terra não se torne um deserto e as feras do campo não se multipliquem. 30 Eu os expulsarei pouco a pouco até que te multipliques o bastante para ocupar o país. 31 Fixarei as fronteiras de teu país, desde o Mar Vermelho até o mar dos filisteus e desde o deserto até o rio Eufrates. Entregarei em tuas mãos os habitantes da terra para que os expulses de tua frente.

32 Não farás aliança alguma com eles, nem com seus deuses. 33 Em tua terra, eles não habitarão para que não te levem a pecar contra mim, adorando os deuses deles; isto seria uma cilada para ti."

24

Conclusão da Aliança

1 Deus disse a Moisés: "Sobe até o Senhor com Aarão, Nadab, Abiú, mais setenta anciãos de Israel e prostrai-vos à distância. 2 Só Moisés se aproximará do Senhor. Os outros não deverão se aproximar, nem o povo subirá com ele."

3 Moisés se dirigiu ao povo e relatou tudo o que o Senhor havia dito e todas as leis. O povo então respondeu a uma só voz: "Faremos tudo o que o Senhor disse." 4 Moisés escreveu todas as palavras do Senhor. No dia seguinte, pela manhã, erigiu um altar ao pé da montanha e ergueu também doze estelas para as doze tribos de Israel. 5 A seguir, mandou alguns jovens israelitas oferecer holocaustos e imolar novilhos ao Senhor, como sacrifício pacífico. 6 Moisés recolheu a metade do sangue e o depositou em bacias; a outra metade derramou-a sobre o altar. 7 Tomou o livro da aliança e o leu ao povo que disse: "Nós faremos tudo o que o Senhor disse e lhe obedeceremos." 8 Moisés apanhou o sangue e com ele aspergiu o povo, dizendo: "Este é o sangue da aliança que o Senhor celebrou convosco através de todas estas palavras."

Moisés permanece 40 dias no topo do monte Sinai

9 Moisés subiu juntamente com Aarão, Nadab, Abiú e os setenta anciãos de Israel. 10 Eles viram o Deus de Israel. Sob seus pés havia algo como um pavimento de pedra de safira, tão límpido como o próprio céu. 11 Deus não estendeu sua mão contra os escolhidos de Israel, eles contemplaram a Deus e depois comeram e beberam. 12 O Senhor disse a Moisés: "Sobe até junto de mim no monte e aí permanecerás para eu te dar as tábuas de pedra com a lei e os mandamentos que escrevi para os instruir. 13 Moisés se levantou

e, com seu auxiliar Josué, subiu a montanha de Deus. **14** E disse aos anciãos: "Esperai-nos aqui até voltarmos. Aarão e Hur ficarão convosco. Quem tiver alguma questão, dirija-se a eles." **15** Quando Moisés subiu ao monte, a nuvem o cobriu. **16** A glória do Senhor pousou sobre o monte Sinai e a nuvem o cobriu durante seis dias; no sétimo dia, o Senhor chamou Moisés do meio da nuvem. **17** Aos olhos dos israelitas, a glória do Senhor aparecia como um fogo consumidor no topo da montanha. **18** Moisés entrou no meio da nuvem e subiu a montanha. Lá ficou quarenta dias e quarenta noites.

MUSEU ESTATAL DE BERLIM

Moisés Partindo as Tábuas da Lei, de Rembrandt (1659) – Museu de Berlin, Alemanha

Irritadíssimo com o que vê, Moisés arrebentou as tábuas da lei, derreteu o bezerro, jogou o ouro na água e obrigou todos a bebê-la. Na sequência, mandou matar três mil homens: os sacerdotes se armaram de espadas e percorreram as casas num banho de sangue. Então, voltou para junto de Javé a fim de pedir perdão ao povo que havia mostrado não ser digno do Criador.

Prescrições sobre o santuário e seus ministros

Ofertas

25 ¹O Senhor disse a Moisés: ²"Fala aos israelitas que me ofereçam um tributo e vós aceitareis a contribuição de todos aqueles que generosamente a oferecerem. ³Estas são as contribuições a aceitar: ouro, prata, bronze, ⁴púrpura, violeta e escarlate, carmesim, linho fino, peles de cabra, ⁵peles de carneiro tingidas de vermelho, peles de golfinho, madeira de acácia, 6 óleo para lamparinas, aromas para o óleo de unção e para o incenso odorífero, ⁷pedras de ônix e pedras de engaste para o efod e o peitoral. ⁸Erguerão um santuário para mim e eu habitarei no meio deles. ⁹Construireis o santuário com todos os seus utensílios, de acordo com o modelo que eu vos mostrar."

A Arca da Aliança

¹⁰"Farás uma arca de madeira de acácia com dois côvados e meio de comprimento, um côvado e meio de largura e um côvado e meio de altura. ¹¹Tu a revestirás de ouro puro por dentro e por fora; na parte externa, a rodearás com uma bordadura de ouro. ¹²Fundirás para ela quatro argolas de ouro a serem afixadas nos quatro cantos, duas de um lado e duas de outro. ¹³Farás também dois varais de madeira de acácia, revestidos de ouro, ¹⁴e os passarás pelas argolas afixadas aos lados da arca, para poder ser transportada. ¹⁵Uma vez introduzidos nas argolas da arca, os varais não poderão ser removidos nunca mais. ¹⁶Dentro da arca, colocarás o documento da aliança que te darei.

¹⁷Farás também um propiciatório de ouro puro com dois côvados e meio de comprimento e um côvado e meio de largura. ¹⁸Farás também dois querubins de ouro batido, postados nas duas extremidades do propiciatório; ¹⁹cada um será fixado numa das extremidades do mesmo, de modo a formar uma só peça com ele. ²⁰Os querubins terão suas asas estendidas para o alto e com elas cobrirão o propiciatório; postos um diante do outro sobre o mesmo, terão seus rostos inclinados para o centro dele. ²¹Cobrirás a arca com o propiciatório, depois de ter nela inserido o documento da aliança que te darei. ²²Aí me encontrarei contigo e, de cima do propiciatório do meio dos querubins que estão sobre a arca da aliança, te darei todas minhas ordens para os filhos de Israel."

A mesa dos pães

²³"Farás também uma mesa de madeira de acácia com dois côvados de comprimento, um côvado de largura e um côvado e meio de altura. ²⁴Recobrirás a mesa de ouro puro e, em torno dela, aplicarás uma bordadura de ouro. ²⁵Ao redor dela farás

também um enquadramento de um palmo de largura e junto a ele uma bordadura de ouro. ²⁶ Farás também quatro argolas de ouro e as fixarás nos quatro ângulos formados por seus pés. ²⁷ Essas argolas, afixadas na altura da orla, receberão os varais para transportar a mesa. ²⁸ Farás os varais de madeira de acácia e os revestirás de ouro; servirão para carregar a mesa. ²⁹ Farás ainda pratos, bandejas, jarras e taças para as libações, tudo de ouro puro. ³⁰ Sobre a mesa porás os pães da proposição que ficarão constantemente diante de mim."

O candelabro

³¹ "Farás também um candelabro de ouro puro, de ouro batido, com seu pedestal, sua haste, cálices, botões e flores formando uma só peça. ³² De seus lados sairão seis braços, três de um lado e três de outro. ³³ Cada braço terá três cálices com formato de flor de amendoeira, com um botão e uma flor; assim serão os seis braços que saem do candelabro.

³⁴ No próprio candelabro haverá quatro cálices em forma de flor de amendoeira, com seus botões e suas flores: ³⁵ um botão sob os dois primeiros braços do candelabro, um botão sob os dois seguintes e um botão sob os dois últimos; assim se fará com os seis braços que saem do candelabro. ³⁶ Os botões e os braços formarão um todo com o candelabro, tudo se constituindo numa só peça de ouro puro batido. ³⁷ Farás também sete lâmpadas que serão colocadas no alto para iluminar a parte dianteira. ³⁸ Seus acendedores e apagadores serão de ouro puro. ³⁹ Para confeccionar o candelabro e seus acessórios, empregarás um talento de ouro puro. ⁴⁰ Cuida para que esse trabalho seja executado de acordo com o modelo que te mostrei no alto da montanha."

O tabernáculo

26 ¹ "Farás o santuário com dez cortinas de linho fino retorcido, de púrpura violeta, vermelha e de carmesim, sobre as quais serão artisticamente bordados alguns querubins. ² Cada cortina terá vinte e oito côvados de comprimento e quatro côvados de largura; todas terão a mesma medida. ³ Cinco cortinas se enlaçarão uma à outra; e outras cinco cortinas também estarão ligadas uma com a outra. ⁴ Farás laços de púrpura violeta na orla da cortina que está na extremidade do conjunto; assim também farás na orla da extremidade da outra cortina, no segundo conjunto. ⁵ Farás

Deus não perdoou os adoradores do bezerro, apenas adiou a punição aos blasfemos: "Vai agora e conduz este povo para onde eu te disse. No dia, porém, da prestação de contas, eu punirei o pecado deles". Desta vez, Moisés anota com suas mãos as leis divinas. E foi assim que a falta de confiança no Criador fez o povo perder a chance de conhecer a caligrafia divina.

Prescrições sobre o santuário e seus ministros

COLEÇÃO PARTICULAR

ÊXODO | 61

cinqüenta laços na primeira cortina e outros cinqüenta laços na extremidade da última cortina que está no segundo conjunto, de modo que os laços se correspondam. 6 Farás também cinqüenta colchetes de ouro, com os quais juntarás as cortinas uma à outra, de maneira que o santuário forme um todo.

7 Farás também onze peças de pele de cabra, costuradas, para servirem de cobertura ao santuário. 8 O comprimento de cada peça será de trinta côvados e a largura será de quatro côvados; as onze peças terão a mesma medida. 9 Juntarás cinco dessas peças de uma parte, e as outras seis de outra parte, sendo que a sexta dessas últimas ficará dobrada à frente da tenda. 10 Farás cinqüenta laços na borda de cada uma das duas peças que estão na extremidade de cada conjunto. 11 Farás também cinqüenta colchetes de bronze que colocarás nos laços e assim unirás a tenda, formando um todo. 12 Como essas peças terão uma sobra de comprimento, esta sobra cairá sobre a parte posterior do santuário. 13 O côvado excedente de cada um dos dois lados, no comprimento das peças da tenda, cairá sobre cada um dos dois lados do santuário para cobri-lo. 14 Farás também para a tenda uma cobertura de peles de carneiro, tingidas de vermelho, e outra cobertura de peles de golfinho por cima.

15 Farás também para o santuário tábuas de madeira de acácia que serão colocadas verticalmente. 16 Cada tábua terá dez côvados de comprimento e um côvado e meio de largura. 17 Cada tábua terá dois encaixes, travados um contra o outro; assim farás com todas as tábuas do santuário. 18 Colocarás no santuário vinte tábuas para o lado do Negueb, o sul. 19 Sob essas vinte tábuas colocarás quarenta suportes de prata, dois sob cada tábua, fixados em seus dois encaixes. 20 No outro lado do santuário, o lado norte, haverá vinte tábuas 21 com seus quarenta suportes de prata, dois sob cada tábua. 22 Para o fundo do santuário, a ocidente, farás seis tábuas. 23 Farás também duas tábuas para os ângulos do fundo do santuário. 24 Ficarão emparelhadas desde a base até em cima, na altura da primeira argola. Assim dispostas, formarão os dois ângulos.

25 Haverá, pois, oito tábuas com seus suportes de prata, em número de dezesseis, dois sob cada tábua. 26 Farás depois cinco travessas de madeira de acácia para as tábuas de um lado do santuário 27 e cinco travessas para as tábuas do outro lado, como também cinco travessas para as tábuas do lado posterior, a ocidente. 28 A travessa central ficará na metade das tábuas, de uma extremidade à outra. 29 Recobrirás de ouro essas tábuas e de ouro farás também as argolas, por onde passarão as travessas que também serão revestidas de ouro. 30 Levantarás então o santuário, de acordo com o modelo que te foi mostrado na montanha.

31 Farás um véu de púrpura violeta, escarlate e carmesim, de linho fino retorcido, sobre o qual serão artisticamente bordados querubins. 32 Deverás suspendê-lo sobre quatro colunas de madeira de acácia, recobertas de ouro, providas de ganchos de ouro e postas sobre quatro suportes de prata. 33 Dependurarás o véu debaixo dos colchetes e, atrás dele, colocarás a arca da aliança. Este véu servirá de separação entre o 'santo' e o 'santo dos santos'. 34 No santo dos santos, colocarás o propiciatório sobre a arca da aliança. 35 À frente do véu, do lado norte, colocarás a mesa e o candelabro defronte da mesa, no lado sul. 36 Para a entrada da tenda, farás uma cortina de púrpura violeta, escarlate, de carmesim e de linho fino retorcido, artisticamente bordada. 37 Para suspender essa cortina, farás cinco colunas de madeira de acácia, recobertas de ouro, com seus ganchos também de ouro e para elas fundirás cinco pedestais de bronze."

O altar dos holocaustos

27 ¹"Farás o altar de madeira de acácia; será quadrado e terá cinco côvados de comprimento, cinco côvados de largura e três côvados de altura. ² Em seus quatro ângulos, terá acabamentos em curva que formarão uma só peça com o altar; e o revestirás de bronze. ³ Farás também recipientes para recolher sua cinza, bem como pás, bacias, garfos e braseiros; todos esses utensílios serão de bronze. ⁴ Farás também uma grelha de bronze, em forma de rede, com quatro argolas de bronze em seus quatro cantos. ⁵ Será colocada embaixo, sob o rebordo saliente do altar, de maneira que se eleve até a metade da altura do altar. ⁶ Farás também varais de madeira de acácia para o altar e os revestirás de bronze. ⁷ Os varais serão introduzidos nas argolas, dispostos de cada um dos lados do altar, quando for transportado. ⁸ O altar será oco e de tábuas, conforme o modelo que te foi mostrado na montanha.

O átrio

⁹ Farás também o átrio do santuário. Do lado do Negueb que dá para o sul, colocarás cortinas de linho fino retorcido, numa extensão de cem côvados, ¹⁰ e também vinte colunas sobre vinte pedestais de bronze; os ganchos das colunas e suas vergas serão de prata. ¹¹ De igual modo, colocarás no lado norte cortinas numa extensão de cem côvados, com suas vinte colunas sobre vinte pedestais de bronze; os ganchos das colunas e suas vergas serão de prata. ¹² Na largura do pátio, para o lado do ocidente, haverá cortinas numa extensão de cinquenta côvados com dez colunas e dez pedestais. ¹³ Do mesmo modo, na frente ou lado oriental, a largura do átrio será de cinquenta côvados. ¹⁴ De um lado da entrada haverá quinze côvados de cortinas com três colunas e três pedestais; ¹⁵ do outro lado também quinze côvados de cortinas com três colunas e três pedestais.

¹⁶ Na porta do átrio haverá uma cortina ricamente bordada de vinte côvados, de púrpura violeta, púrpura escarlate e carmesim, de linho fino retorcido, com quatro colunas e quatro pedestais.

¹⁷ Todas as colunas que formam o recinto do átrio estarão unidas com vergas de prata; seus ganchos serão de prata e seus pedestais de bronze. ¹⁸ O comprimento do átrio será de cem côvados, a largura de cinquenta e a altura de cinco côvados; as cortinas serão de linho fino retorcido e as bases de bronze. ¹⁹ Todos os utensílios destinados ao serviço do santuário, todas as suas estacas e todas as estacas do átrio serão de bronze.

²⁰ Ordenarás aos israelitas que tragam para o candelabro óleo puro de oliva, depurado, para alimentar continuamente a lâmpada. ²¹ Na tenda da reunião, diante do véu que oculta a arca da aliança, Aarão e seus filhos prepararão esse óleo para que ele queime diante do Senhor, desde a tarde até o amanhecer. Esta é uma lei perpétua para os filhos de Israel e suas gerações futuras."

> "Ordenarás aos israelitas que tragam para o candelabro óleo puro de oliva, depurado, para alimentar continuamente a lâmpada. Na tenda da reunião, diante do véu que oculta a arca da aliança, Aarão e seus filhos prepararão esse óleo para que ele queime diante do Senhor, desde a tarde até o amanhecer"

Prescrições sobre o santuário e seus ministros

Moisés de Michelangelo – Basílica de San Pietro in Vincolli, Roma, Itália

28 As vestes sacerdotais

¹"Escolhe, dentre os filhos de Israel, teu irmão Aarão e seus filhos Nadab, Abiú, Eleazar e Itamar para que sejam meus sacerdotes. ²Farás para teu irmão Aarão vestes sagradas em sinal de dignidade e ornamento. ³Fala também a todos os homens inteligentes, a quem eu concedi o espírito da sabedoria, que confeccionem vestes para Aarão para que seja consagrado a meu sacerdócio. ⁴Estas são as vestes a confeccionar: um peitoral, um efod, um manto, uma túnica bordada, um turbante e um cinto. Tais são as vestes sagradas que farão para teu irmão Aarão e para seus filhos, a fim de que sejam sacerdotes a meu serviço. ⁵Empregarão ouro, púrpura violeta e escarlate, carmesim e linho fino.

⁶Farão o efod bordado a ouro, de púrpura violeta, escarlate, de carmesim e de linho fino retorcido, artisticamente tecidos. ⁷Terá duas ombreiras que se unirão pelas extremidades. ⁸O cinto para fixá-lo externamente, formando uma só peça com o efod, será da mesma confecção: ouro, púrpura violeta, escarlate, carmesim e linho fino retorcido. ⁹Tomarás duas pedras de ônix e nelas gravarás os nomes dos filhos de Israel: ¹⁰seis nomes numa pedra e os outros seis na outra pedra, por ordem de nascimento. ¹¹O nome das tribos de Israel serão gravadas nas duas pedras da mesma forma que um lapidador grava a pedra de um selo; as duas pedras serão engastadas em filigrana de ouro. ¹²Colocarás estas duas pedras nas ombreiras do efod, em memória dos filhos de Israel. E Aarão levará seus nomes sobre seus ombros, como memória diante do Senhor. ¹³Farás também engastes de ouro ¹⁴e duas correntes de ouro puro, entrelaçadas em forma de cordão, fixadas nos engastes.

¹⁵Farás o peitoral do julgamento artisticamente trabalhado, do mesmo tecido que o efod: ouro, púrpura violeta e escarlate, carmesim e linho fino retorcido. ¹⁶Será quadrado e duplo, com um palmo de comprimento e um de largura. ¹⁷Será guarnecido com pedras de engaste, dispostas em quatro fileiras. Primeira fileira: um sárdio, um topázio e uma esmeralda; ¹⁸segunda fileira: um rubi, uma safira e um diamante; ¹⁹terceira fileira: um jacinto, uma ágata e uma ametista; ²⁰quarta fileira: um berilo, um ônix e um jaspe.

Moisés foi retratado com chifres por muitos pintores e escultores da Renascença. Tudo por causa de um erro de São Jerônimo, que no século 4 traduziu a Bíblia para o latim e confundiu a palavra "karan", "radiante", com "keren", "com chifres". Em alguns casos, incomodados com a explicação, os artistas optavam por retratar os chifres com aspecto de raios.

Serão guarnecidas de ouro em seus engastes. ²¹Correspondendo aos nomes dos filhos de Israel, as pedras serão doze e em cada uma será gravado, ao modo de sinete, o nome de uma das doze tribos. ²²Farás também para o peitoral correntes de ouro puro, trançadas como cordões. ²³Farás ainda para o peitoral dois anéis de ouro que fixarás em suas extremidades. ²⁴Passarás as duas correntes de ouro pelos dois anéis nas extremidades do peitoral. ²⁵Prenderás as duas pontas das correntes nos dois engastes e as colocarás nas ombreiras do efod, na parte da frente. ²⁶Farás ainda outros dois anéis de ouro que os fixarás nas duas extremidades do peitoral, na sua borda interior aplicada contra o efod. ²⁷Farás ainda mais dois anéis de ouro que fixarás nas duas ombreiras do efod, na parte inferior dianteira, por baixo das duas alças do efod, perto de sua juntura, sobre o cinto. ²⁸Os anéis do peitoral serão presos aos do efod por meio de uma fita de púrpura violeta, a fim de que fique por cima do cinto do efod e não se separe dele. ²⁹Desse modo, quando entrar no santuário, Aarão levará sobre seu coração os nomes dos filhos de Israel gravados no peitoral do julgamento, como lembrança perpétua diante do Senhor.

³⁰No peitoral do julgamento, colocarás também os dados sagrados urim e tumim para que estejam sobre o coração de Aarão, quando ele se apresentar diante do Senhor.

> "Escolhe, dentre os filhos de Israel, teu irmão Aarão e seus filhos Nadab, Abiú, Eleazar e Itamar para que sejam meus sacerdotes. Farás para teu irmão Aarão vestes sagradas em sinal de dignidade e ornamento"

Assim Aarão levará sempre sobre seu coração, diante do Senhor, o julgamento dos filhos de Israel.

³¹Farás o manto do efod de púrpura violeta. ³²Haverá no meio uma abertura para a cabeça; esta abertura terá uma orla reforçada, como a abertura de um colete, para que não se rompa. ³³Em torno de toda a orla inferior, colocarás romãs de púrpura violeta e escarlate, bem como de carmesim, entremeadas de campainhas: ³⁴uma campainha de ouro e uma romã, outra campainha de ouro e outra romã em todo o contorno da orla inferior do manto. ³⁵Aarão será revestido desse manto quando exercer suas funções para que se ouça o tilintar quando ele entrar no santuário, diante do Senhor, ou quando sair e para que não morra.

³⁶Farás uma lâmina de ouro puro e nela gravarás, como num sinete, 'Santidade a Javé'. ³⁷Com uma fita de púrpura violeta a atarás na frente do turbante. ³⁸Esta ficará na testa de Aarão e ele carregará as faltas cometidas pelos filhos de Israel por ocasião de santas ofertas que possam apresentar. Estará continuamente na testa de Aarão para que os israelitas possam reconciliar-se com o Senhor. ³⁹A túnica e o turbante serão de linho fino, mas o cinto será bordado.

⁴⁰Para os filhos de Aarão farás túnicas, cintos e barretes, em sinal de dignidade e ornamento. ⁴¹Revestirás com eles teu irmão Aarão e seus filhos e os ungirás, investirás e consagrarás como sacerdotes a meu serviço. ⁴²Para eles farás também calções de linho que irão da cintura até as coxas para cobrir a nudez. ⁴³Aarão e seus filhos os vestirão, quando entrarem na tenda da reunião ou quando se aproximarem do altar para ministrar no santuário, a fim de não incorrerem em pecado e não morrerem. Esta é uma lei perpétua para Aarão e seus descendentes."

Consagração dos sacerdotes

29 **1** "Para consagrá-los como sacerdotes a meu serviço, observarás o ritual a seguir. Tomarás um bezerro e dois carneiros sem defeito, **2** pães sem fermento, bolos sem fermento amassados com azeite, broas sem fermento untadas com azeite, feitos com flor de farinha de trigo. **3** E os colocarás num cesto e os oferecerás ao mesmo tempo que o bezerro e os dois carneiros.

4 Mandarás Aarão e seus filhos ficarem junto à porta da tenda da reunião e os lavarás com água. **5** Depois tomarás as vestes e vestirás Aarão com a túnica, o manto do efod, o efod, o peitoral e o cingirás com o cinto do efod. **6** Colocarás o turbante sobre sua cabeça e sobre este, o diadema da santidade. **7** Tomarás o óleo da unção e o ungirás, derramando-o sobre sua cabeça.

8 Depois mandarás seus filhos se aproximarem e os revestirás com as túnicas. **9** Colocarás neles também o cinto e o barrete. Então o sacerdócio lhes pertencerá em virtude de uma lei perpétua. Assim, terás consagrado Aarão e seus filhos.

10 Levarás o bezerro diante da tenda da reunião e Aarão e seus filhos estenderão suas mãos sobre a cabeça do bezerro. **11** Tu o imolarás perante o Senhor, na entrada da tenda da reunião. **12** Depois recolherás do sangue do bezerro e com teu dedo untarás as pontas do altar, derramando o restante aos pés do altar. **13** Tomarás toda a gordura que cobre as entranhas, a membrana do fígado e os rins com a gordura que os envolve e os queimarás sobre o altar. **14** Fora do acampamento, porém, queimarás a carne do bezerro, sua pele e o esterco; é um sacrifício pelo pecado.

15 Depois tomarás um dos carneiros e Aarão e seus filhos estenderão suas mãos sobre a cabeça do carneiro. **16** Logo o imolarás, recolherás seu sangue e o derramarás em torno do altar. **17** Dividirás o carneiro em pedaços e, depois de lavar suas entranhas e suas pernas, colocarás a estas sobre os pedaços e a cabeça. **18** Queimarás, pois, todo o carneiro sobre o altar. É um holocausto para o Senhor, um sacrifício de agradável odor, uma oferta consumida em honra do Senhor.

19 Depois tomarás o segundo carneiro e Aarão e seus filhos estenderão suas mãos sobre a cabeça dele. **20** Tu o imolarás, recolherás de seu sangue e untarás o lóbulo da orelha direita de Aarão e de seus filhos, como também os dedos polegares de suas mãos direitas e o dedo maior de seus pés direitos. Depois derramarás o resto do sangue em torno do altar. **21** Em seguida recolherás do sangue que está sobre o altar e do óleo de unção e aspergirás Aarão e suas vestes, bem como seus filhos e suas vestes. Desse modo, serão consagrados ele e suas vestes, bem como seus filhos com suas vestes. **22** Depois, do carneiro tomarás a gordura, a cauda, a gordura que cobre as entranhas, a membrana gordurosa do fígado, os dois rins com a gordura que os envolve, a coxa direita, porque é o carneiro da consagração. **23** Tomarás ainda da cesta de pães sem fermento colocada diante do Senhor, um pão, um bolo untado em azeite e uma broa. **24** Deporás tudo nas mãos de Aarão e nas de seus filhos que farão o gesto e movimento de oferta, diante do Senhor. **25** Depois os retomarás de suas mãos e os queimarás no altar sobre o holocausto, como sacrifício de suave odor apresentado ao Senhor, consumido no fogo para o Senhor.

26 Tomarás o peito do carneiro da consagração de Aarão e com gesto de apresentação o oferecerás perante o Senhor; esta será a parte que te cabe. **27** Consagrarás então o peito da oferta apresentada e a coxa da oferta reservada do carneiro da consagração que são destinadas a Aarão e a seus filhos.

28 Este será um direito perpétuo que será devido a Aarão e a seus filhos por parte dos israelitas, pois é oferta reservada, oferta que os israelitas deverão reservar de seus sacrifícios pacíficos e que oferecem ao Senhor. **29** As vestes sagradas de Aarão serão herdadas por seus filhos que as vestirão quando forem ungidos e consagrados. **30** Durante sete dias, o filho que tiver sucedido a ele no sacerdócio as vestirá, quando entrar na tenda da reunião para exercer as funções no santuário.

31 Tomarás o carneiro da consagração e cozinharás sua carne num local sagrado. **32** Aarão e seus filhos comerão a carne deste carneiro e o pão que está na cesta à entrada da tenda da reunião. **33** Comerão a parte com que se fez a expiação por eles, quando foram investidos e consagrados. Nenhum estranho ao sacerdócio poderá delas comer, uma vez que são coisas sagradas. **34** Se sobrar parte da carne do sacrifício de consagração ou do pão até o dia seguinte, será tudo queimado; não se comerá, porque é coisa sagrada.

35 Quanto a Aarão e seus filhos, farás tudo como te ordenei. O rito de consagração deles durará sete dias. **36** Cada dia imolarás um bezerro como expiação pelo pecado. Purificarás o altar com esse sacrifício de expiação e depois o ungirás para consagrá-lo. **37** A expiação pelo altar a farás durante sete dias e então o consagrarás; desse modo, o altar será santíssimo e tudo o que nele tocar será santificado."

Os holocaustos diários

38 Sobre o altar deverás, pois, oferecer: dois cordeiros de um ano, cada dia e perpetuamente. **39** Oferecerás um desses cordeiros pela manhã e o outro à tarde. **40** Com o primeiro cordeiro oferecerás a décima parte de uma medida de flor de farinha, misturada com a quarta parte de uma medida de óleo de oliva depurado, e como libação um quarto de uma medida de vinho. **41** À tarde oferecerás o outro cordeiro, acompanhado de uma oferta e uma libação como aquelas da manhã. Este é um sacrifício de suave odor, consumido pelo fogo em honra do Senhor. **42** Este holocausto será perpétuo e será oferecido por todas as gerações na presença do Senhor, ante a entrada da tenda da reunião, onde convosco me encontrarei para vos falar. **43** Nesse local eu irei ao encontro dos filhos de Israel e o lugar ficará consagrado com minha glória. **44** Consagrarei a tenda da reunião e o altar e consagrarei também Aarão e seus filhos para que exerçam meu sacerdócio. **45** Habitarei no meio dos filhos de Israel e serei seu Deus. **46** E eles reconhecerão que eu sou o Senhor, seu Deus, que os tirou do Egito para habitar no meio deles. Eu sou o Senhor, seu Deus."

O altar do incenso

30

1 "Farás um altar de madeira de acácia para queimar incenso. **2** Seu comprimento será de um côvado e sua largura também de um côvado; será quadrado e terá dois côvados de altura; as pontas formarão uma só peça com ele. **3** Revestirás de ouro puro sua parte superior, suas paredes em volta e as pontas; e lhe farás ainda uma moldura de ouro ao redor. **4** Farás também duas argolas de ouro dos dois lados, abaixo de sua moldura, e as fixarás nos dois lados para receberem os varais que servirão para seu transporte. **5** Farás os varais de madeira de acácia e os revestirás de ouro. **6** Colocarás o altar diante do véu que oculta a arca da aliança, diante do propiciatório que cobre a arca da aliança, no lugar onde virei a ti.

7 Aarão queimará sobre o altar o incenso aromático cada manhã, quando preparar

Prescrições sobre o santuário e seus ministros

Manuscrito iluminado de 1507

Os Dez Mandamentos fazem parte de um amplo pacote de leis, que orientam desde as vestes que os sacerdotes deveriam usar até as normas para compra e venda de escravos e a quantidade de bois morta e drenada — o sangue era lançado sobre a cabeça do povo! Na imagem, Moisés explica para dois israelitas a legislação ditada por Deus em toda a sua complexidade.

as lâmpadas. ⁸ Ele o queimará também à tarde, quando acender as lâmpadas. Será um incenso perpétuo perante o Senhor, oferecido por todas as vossas gerações. ⁹ Não oferecereis sobre o altar incenso profano, nem holocausto, nem oferta e não derramareis sobre ele libações. ¹⁰ Uma vez por ano Aarão realizará o rito de expiação, untando as pontas do altar com o sangue da vítima expiatória; isso será feito uma vez por ano por todas as gerações futuras. Esse altar será santíssimo, consagrado ao Senhor."

O tributo para o culto

¹¹ O Senhor disse a Moisés: ¹² "Quando fizeres o recenseamento dos israelitas, cada um pagará ao Senhor um resgate por sua própria pessoa, para que não haja entre eles nenhum flagelo quando fizeres o recenseamento. ¹³ Cada um pagará meio siclo, conforme o peso padrão do santuário [que é de vinte gueras], meio siclo como contribuição devida ao Senhor. ¹⁴ Todo homem recenseado, de vinte anos para cima, pagará o tributo ao Senhor. ¹⁵ O rico não dará mais e o pobre não dará menos de meio siclo para pagar o tributo devido ao Senhor em resgate de suas próprias vidas. ¹⁶ Receberás o dinheiro do resgate dos israelitas e o aplicarás no serviço da tenda da reunião; ele figurará como lembrança diante do Senhor de como os israelitas asseguraram o resgate de suas pessoas."

A bacia de bronze

¹⁷ O Senhor disse a Moisés: ¹⁸ "Farás uma bacia de bronze com pedestal de bronze para as abluções e a colocarás entre a tenda da reunião e o altar; depois a encherás de água. ¹⁹ Aarão e seus filhos lavarão nela suas mãos e seus pés. ²⁰ Eles se lavarão com água, quando entrarem na tenda da reunião para que não morram; farão o mesmo quando se aproximarem do altar para oficiar, para queimar uma oferta ao Senhor. ²¹ Lavarão, pois, as mãos e os pés, para que não morram. Essa é uma lei perpétua para Aarão e seus descendentes, por todas as gerações."

O óleo de unção

²² O Senhor disse a Moisés: ²³ "Providencia estes aromas de primeira qualidade: quinhentos siclos de mirra virgem, a metade ou duzentos e cinquenta siclos de cinamomo, duzentos e cinquenta siclos de cana aromática, ²⁴ quinhentos siclos de cássia, conforme o peso padrão do santuário, uma medida de óleo de oliva. ²⁵ Com esses ingredientes farás um óleo para a unção sagrada, uma mistura aromática feita segundo a receita do perfumista. Ele servirá para a unção sagrada. ²⁶ Com ele ungirás a tenda da reunião e a arca da aliança, ²⁷ a mesa com todos os seus utensílios, o candelabro com seus acessórios, o altar do incenso, ²⁸ o altar do holocausto com seus utensílios e a bacia com seu pedestal. ²⁹ Consagra estas coisas e elas se tornarão santíssimas e tudo o que as tocar ficará santificado. ³⁰ Ungirás também Aarão e seus filhos e os consagrarás para que exerçam o sacerdócio em minha honra. ³¹ Dirás então aos filhos de Israel: Este óleo vos servirá para a unção sagrada,

> "Quando fizeres o recenseamento dos israelitas, cada um pagará ao Senhor um resgate por sua própria pessoa, para que não haja entre eles nenhum flagelo quando fizeres o recenseamento."

de geração em geração. ³²Não será derramado sobre nenhum homem, nem fareis outro com a mesma composição. Ele é coisa sagrada e como tal deve ser considerado por vós.

³³Quem fizer uma imitação ou com ele ungir um profano, será excluído de seu povo."

³⁴O Senhor disse a Moisés: "Providencia essas essências aromáticas: resina, âmbar, bálsamo, aromas e incenso puro, em quantidades iguais.

³⁵Com elas farás um incenso perfumado, composto segundo a arte do perfumista, temperado com sal, puro e santo. ³⁶Pulverizarás uma parte dele e a colocarás diante da arca da aliança, na tenda da reunião, onde eu virei me encontrar contigo. Será para vós uma coisa santíssima. ³⁷Não fareis para vosso uso outro incenso de semelhante composição; vós o considerareis como coisa santa e consagrada ao Senhor. ³⁸Se alguém fizer uma imitação desse perfume para aspirar seu odor, será excluído de seu povo."

31 Os projetistas e construtores do santuário

¹"O Senhor disse a Moisés: ²"Escolhi pessoalmente Beseleel, filho de Uri, filho de Hur, da tribo de Judá. ³Eu o enchi do espírito divino, de sabedoria, de inteligência e habilidade em seu ofício, ⁴capaz para elaborar projetos e lavrar ouro, prata e bronze, ⁵capaz em lapidar e engastar pedras, em entalhar madeira, em trabalhar em toda arte. ⁶Aproximei dele Ooliab, filho de Aquisamec, da tribo de Dan. A todos os artesãos dei sabedoria e habilidade para que realizem tudo o que te ordenei: ⁷a tenda da reunião, a arca da aliança, o propiciatório que pousa sobre ela, toda a mobília da tenda, ⁸a mesa com seus utensílios, o candelabro de ouro puro com todos os seus acessórios, o altar do incenso, ⁹o altar do holocausto com seus acessórios, a bacia com seu pedestal, ¹⁰as vestes litúrgicas e as vestes sagradas para o sacerdote Aarão, bem como as vestes de seus filhos para exercerem o sacerdócio; ¹¹e ainda o óleo da unção e o incenso aromático para o santuário. Eles farão tudo conforme as ordens que te dei."

> "Guardareis, portanto, o sábado porque ele é santo para vós. Aquele que o profanar será réu de morte. Quem realizar algum trabalho nesse dia será excluído do meio de seu povo."

O sábado e as tábuas da lei

¹²O Senhor disse a Moisés: ¹³"Fala, pois, aos filhos de Israel: Observareis meus sábados porque são um sinal perpétuo entre mim e vós para que saibais que eu sou o Senhor, aquele que vos santifica. ¹⁴Guardareis, portanto, o sábado porque ele é santo para vós. Aquele que o profanar será réu de morte. Quem realizar algum trabalho nesse dia será excluído do meio de seu povo. ¹⁵Podereis trabalhar durante seis dias; o sétimo, porém, será um dia de descanso solene e consagrado ao Senhor. Quem trabalhar no dia de sábado será punido de morte. ¹⁶Os filhos de Israel guardarão o sábado em todas as gerações, como aliança perpétua. ¹⁷Este será um sinal perpétuo entre mim e os filhos de Israel porque em seis dias fez o Senhor os céus e a terra e no sétimo dia ele parou de trabalhar e descansou."

¹⁸Quando o Senhor terminou de falar com Moisés no monte Sinai, entregou-lhe as duas tábuas da aliança, tábuas de pedra, escritas pelo dedo de Deus.

Prescrições sobre o santuário e seus ministros

Reprodução da obra de Tissot. Foto: John Parnell – Museu Judaico de Nova York, Estados Unidos

MUSEU JUDAICO, NOVA IORQUE

O período passado no deserto foi marcado pelo cumprimento de algumas ordens práticas, como a construção do tabernáculo e da Arca da Aliança. Aqui, Moisés e Josué oram dentro da tenda sagrada e diante do receptáculo que abriga as tábuas da lei. A arca iria desaparecer algumas vezes, até que nunca mais fosse reencontrada.

Ruptura e renovação da Aliança

32

O bezerro de ouro

¹Quando o povo notou que Moisés tardava a descer da montanha, acercou-se de Aarão e lhe disse: "Vamos! Por que não nos fazes um deus que caminha à nossa frente? Esse Moisés que nos tirou do Egito, não sabemos o que aconteceu com ele." ²Aarão lhes respondeu: "Tirai os brincos de ouro das orelhas de vossas mulheres, de vossos filhos e vossas filhas e trazei-os aqui." ³Então todo o povo tirou os brincos de ouro que trazia nas orelhas e os entregou a Aarão. ⁴Ele os recolheu, fundiu o ouro num molde e fez a estátua de um bezerro. Então eles disseram: "Israel, este é teu deus, que te tirou do Egito!"

⁵Quando Aarão viu isto, erigiu um altar diante dele e proclamou: "Amanhã haverá uma festa em honra do Senhor." ⁶Na manhã do dia seguinte, levantaram cedo, ofereceram holocaustos e sacrifícios pacíficos.

O povo sentou para comer e beber e depois se levantou para se divertir.

⁷O Senhor disse a Moisés: "Vai, desce, porque o povo que tiraste do Egito se perverteu. ⁸Muito depressa se desviaram do caminho que eu lhes havia indicado. Fizeram para si um bezerro de metal fundido, prostraram-se perante ele, ofereceram-lhe sacrifícios, dizendo: Este é teu deus, Israel, aquele que te tirou do Egito!"

⁹O Senhor continuou: "Vejo que este povo tem cabeça dura. ¹⁰Deixa, pois, que se acenda minha ira contra ele e o exterminarei; mas de ti farei uma grande nação."

Moisés intercede pelo povo

¹¹Moisés, porém, suplicou ao Senhor, seu Deus, dizendo: "Senhor, por que se acende tua ira contra teu povo que tiraste do Egito com grande poder e com mão forte? ¹²Os egípcios certamente irão dizer: Ele os tirou daqui com más intenções, para matá-los entre as montanhas e exterminá-los da face da terra. Aplaca teu furor e volta atrás do castigo que

> "Vai, desce, porque o povo que tiraste do Egito se perverteu. Muito depressa se desviaram do caminho que eu lhes havia indicado. Fizeram para si um bezerro de metal fundido, prostraram-se perante ele, ofereceram-lhe sacrifícios, dizendo: Este é teu deus, Israel, aquele que te tirou do Egito!"

Ruptura e renovação da Aliança

Adoração ao Bezerro de Ouro, óleo sobre tela de Nicolas Poussin (1633-1634) – National Gallery, Londres, Inglaterra

Ruptura e renovação da Aliança

pretendias impor a teu povo. **13** Lembra-te de Abraão, de Isaac e de Israel, teus servos, aos quais juraste por ti mesmo e lhes disseste: Multiplicarei vossa descendência como as estrelas do céu e a ela darei toda a terra que prometi, para que a possuam por herança eterna."

14 Então o Senhor se arrependeu das ameaças de castigo que tinha proferido contra seu povo.

Moisés quebra as tábuas da lei, castiga o povo e pede perdão a Deus

15 Moisés desceu da montanha com as duas tábuas da aliança na mão, tábuas escritas de ambos os lados, na frente e no verso. **16** As tábuas eram obra de Deus e a escrita gravada nas pedras era das próprias mãos de Deus.

17 Ouvindo os gritos e aclamações do povo, Josué disse a Moisés: "Há gritos de guerra no acampamento!" **18** Moisés, porém, respondeu: "Não são gritos de vitória, nem gritos de derrota, mas o que ouço são cantos." **19** Quando se aproximou do acampamento, vendo o bezerro e as danças, Moisés se enfureceu, arremessou as tábuas e as quebrou aos pés da montanha. **20** Agarrou em seguida o bezerro que tinham feito, o queimou e o moeu até reduzi-lo a pó. Jogou depois o pó na água e obrigou os israelitas a bebê-la.

21 E Moisés perguntou a Aarão: "O que foi que este povo te fez para o deixares cometer tamanho pecado?"

22 Aarão respondeu: "Não fiques irritado, meu senhor. Sabes o quanto este povo é inclinado ao mal. **23** Eles me disseram: 'Apresenta-nos um deus que caminha na nossa frente porque não sabemos o que aconteceu a este Moisés que nos tirou do Egito.' **24** Eu lhes disse então: 'Quem tem ouro, que o traga!' Eles o trouxeram, lancei-o ao fogo e saiu este bezerro."

25 Moisés viu que o povo estava desenfreado porque Aarão tinha afrouxado, expondo-o à zombaria de seus inimigos. **26** Moisés ficou então de pé, na entrada do acampamento e gritou: "Quem estiver do lado do Senhor, que venha aqui junto a mim!" E todos os filhos de Levi se reuniram em torno dele. **27** Moisés lhes disse então: "Assim diz o Senhor, Deus de Israel: Cada um ponha sua espada na cintura! Passai e revistai o acampamento, de porta em porta, matando até mesmo irmão, amigo e parente."

28 Os filhos de Levi seguiram as ordens de Moisés e nesse dia morreram uns três mil homens. **29** Então Moisés disse: "Consagrai-vos hoje ao Senhor, porquanto cada um de vós, ao preço de seu filho e de seu irmão, ajudou a atrair sobre vós uma bênção."

30 No dia seguinte, Moisés disse ao povo: "Cometestes um grande pecado. Agora, porém, vou subir até o Senhor para tentar expiar vosso pecado." **31** Moisés voltou junto ao Senhor e disse: "Este povo cometeu um pecado gravíssimo, fabricando para si um deus de ouro. **32** Agora, porém, perdoa o pecado deles ou então risca-me do livro que escreveste." **33** O Senhor respondeu a Moisés: "Riscarei de meu livro todo aquele que

> "Riscarei de meu livro todo aquele que pecou contra mim. Vai agora e conduz este povo para onde eu te disse. Meu anjo irá na frente. No dia, porém, da prestação de contas, eu punirei o pecado deles."

pecou contra mim. **34** Vai agora e conduz este povo para onde eu te disse. Meu anjo irá na frente. No dia, porém, da prestação de contas, eu punirei o pecado deles."

35 E o Senhor castigou o povo por ter induzido Aarão a fabricar o bezerro.

33 Deus perdoa e renova as promessas

1 O Senhor disse a Moisés: "Vamos! Parte daqui com o povo que tiraste do Egito e vai à terra que prometi a Abraão, a Isaac e a Jacó, quando afirmei que a daria para a descendência deles. **2** Enviarei um anjo na tua frente para expulsar os cananeus, os amorreus, os heteus, os ferezeus, os heveus e os jebuseus. **3** Sobe para essa terra onde corre leite e mel. Eu não subirei convosco, porquanto sois um povo de cabeça dura e também porque eu vos exterminaria pelo meio do caminho." **4** Ao ouvir estas duras palavras, o povo começou a chorar e ninguém se enfeitou com jóias. **5** Isto porque o Senhor havia dito a Moisés: "Fala aos filhos de Israel: Tu és um povo de cabeça dura. Se eu vos acompanhasse por um momento, eu vos exterminaria. Por esta razão, tirai agora as jóias que usais e eu vou ver o que poderei fazer por vós."

6 Os israelitas se despojaram de seus enfeites ao partir do monte Horeb.

> "Fala aos filhos de Israel: Tu és um povo de cabeça dura. Se eu vos acompanhasse por um momento, eu vos exterminaria. Por esta razão, tirai agora as jóias que usais e eu vou ver o que poderei fazer por vós."

A tenda da reunião

7 Moisés apanhou sua tenda e a armou fora e longe do acampamento; chamou-a tenda da reunião. Quem quisesse consultar o Senhor devia ir até a tenda da reunião que se encontrava fora do acampamento.

8 Quando Moisés se dirigia para sua tenda, todo o povo se levantava e ficava em pé à entrada da própria tenda, seguindo Moisés com o olhar até que entrasse na tenda dele. **9** Quando Moisés entrava, a coluna de nuvem descia e se postava à entrada da tenda dele e o Senhor falava com Moisés. **10** Ao ver a coluna de nuvem parada à entrada da tenda, todo o povo, em pé à frente de suas tendas, se prostrava no mesmo lugar.

11 O Senhor falava com Moisés face a face, como um homem fala com seu amigo. Depois Moisés voltava ao acampamento, enquanto seu ajudante, o jovem Josué, filho de Nun, não abandonava o interior da tenda.

Moisés retorna à montanha

12 Moisés disse ao Senhor: "Tu me dizes: 'Sobe com este povo', porém não me fazes saber quem designaste para me ajudar na caminhada. Tu, no entanto, me disseste: 'Eu te conheço por teu nome' e 'Tens todo meu apoio'. **13** Agora, pois, se me tratas com intimidade e gozo de teus favores, ensina-me teu caminho e assim terei certeza de que gozo de teus favores. Além disso, considera bem que esta nação é teu povo." **14** O Senhor respondeu: "Eu irei contigo e te darei ocasião para descansar."

15 Moisés replicou: "Se tu mesmo não fores conosco, não nos faças partir daqui. **16** Como se poderá saber que eu e teu povo gozamos de teus favores, se de fato não fores conosco? Desse modo é que se atesta a distinção entre mim e teu povo de todos os outros povos da terra." **17** Então o Senhor disse a Moisés: "Farei também isto porque gozas de todo meu favor e te trato com intimidade."

18 Moisés disse ao Senhor: "Mostra-me tua glória." **19** O Senhor respondeu: "Farei passar diante de ti todo o meu esplendor e pronunciarei meu nome diante de ti: Javé. Terei misericórdia de quem eu quiser ter misericórdia e me compadecerei de quem eu quiser ter compaixão." **20** E acrescentou: "Não poderás ver meu rosto porque ninguém pode vê-lo e continuar com vida." **21** E disse ainda:

Novas tábuas da lei

34

1 O Senhor disse a Moisés: "Corta duas tábuas de pedra como as primeiras e nelas escreverei as mesmas palavras que estavam nas primeiras que tu quebraste. **2** Prepara-te para amanhã, a fim de subir ao monte Sinai e aguardarás por mim no alto da montanha. **3** Ninguém subirá contigo, ninguém ficará junto à montanha; nem mesmo ovelhas ou bois poderão ficar pastando diante da montanha." **4** Moisés cortou duas tábuas de pedra como as primeiras e, levantando-se pela manhã cedo, subiu ao monte Sinai, como o Senhor lhe havia ordenado. Levou as duas tábuas de pedra nas mãos.

5 O Senhor desceu na nuvem e ficou junto de Moisés, pronunciando o nome de Javé. **6** O Senhor passou diante dele, exclamando: "Javé, Javé, Deus misericordioso e piedoso, lento para a cólera e rico em bondade e fidelidade, **7** que conserva sua bondade por milhares de gerações, que perdoa a iniquidade, a transgressão e o pecado, mas não tem por inocente o culpado, pois castiga o pecado dos pais nos filhos e nos filhos de seus filhos, até a terceira e a quarta geração." **8** Moisés se inclinou de imediato até o chão, prostrou-se **9** e disse: "Senhor, se agora mereço teu favor, continua em nosso meio, mesmo que este povo seja de cabeça dura. Perdoa nossas iniquidades e pecados e recebe-nos como tua herança."

> "Farei passar diante de ti todo o meu esplendor e pronunciarei meu nome diante de ti: Javé. Terei misericórdia de quem eu quiser ter misericórdia e me compadecerei de quem eu quiser ter compaixão."

Renovação da Aliança

10 O Senhor disse: "Vou fazer uma aliança. Vou realizar, diante de todo teu povo, maravilhas que nunca foram feitas em nenhum país, em nenhuma nação. Todo este povo que te cerca verá a impressionante obra que o Senhor vai realizar junto contigo. **11** Guarda bem o que hoje vou te ordenar. Vou expulsar diante de ti os amorreus, os cananeus, os heteus, os ferezeus, os heveus e os jebuseus. **12** Não celebrarás pacto algum com os habitantes da terra em que vais entrar, pois eles poderiam representar uma armadilha para ti. **13** Pelo contrário, derrubareis seus altares, quebrareis suas estátuas e cortareis seus bosques sagrados. **14** Não te prostrarás diante de nenhum outro deus, pois o nome do Senhor é ciumento, ele é um Deus ciumento. **15** Não farás aliança com os habitantes do país, pois quando eles se prostituírem com seus deuses e lhes oferecerem sacrifícios, poderiam convidar-te a participar de seus banquetes sagrados. **16** Poderias também tomar para teus filhos mulheres dentre suas filhas e estas, prostituindo-se com seus deuses, fariam com que teus filhos se prostituíssem com os deuses deles.

17 Não farás deuses de metal fundido.

18 Guardarás a festa dos Ázimos; durante sete dias, comerás pães sem fermento, no tempo fixado do mês de Abib, como te ordenei, porque foi no mês de Abib que saíste do Egito.

19 Todo primogênito me pertence, assim como todo macho primogênito de teus rebanhos, seja do gado maior ou do menor. **20** Resgatarás, porém, com um cordeiro, o primogênito do jumento; se não o resgatares, deverás quebrar-lhe a nuca. Resgatarás sempre todo primogênito de teus filhos e não te apresentarás diante de mim de mãos vazias.

21 Trabalharás seis dias, mas ao sétimo descansarás, tanto na época do plantio, quanto durante a colheita.

22 Celebrarás a festa das Semanas no tempo das primícias da ceifa do trigo e também a festa da Colheita no fim do ano.

23 Três vezes ao ano, todos os homens se apresentarão diante do Senhor Javé, o Deus de Israel. **24** Quando eu expulsar as nações diante de ti e alargar tuas fronteiras, se subires três vezes por ano para visitar Javé, teu Deus, ninguém cobiçará tua terra.

25 Quando sacrificares uma vítima, não oferecerás seu sangue com pão fermentado. O animal sacrificado para a festa da Páscoa não será conservado até o dia seguinte.

26 Levarás à casa do Senhor, teu Deus, as primícias dos frutos de tua terra. Não cozinharás o cabrito no leite de sua própria mãe."

27 O Senhor disse a Moisés: "Escreve estas palavras, pois conforme o teor delas é que faço aliança contigo e com Israel."

28 Moisés ficou junto com o Senhor durante quarenta dias e quarenta noites, sem comer pão, nem beber água. E nas tábuas, ele escreveu as palavras da aliança, os dez mandamentos.

29 Quando Moisés desceu do monte Sinai, trazia nas mãos as duas tábuas da aliança. Ele não sabia que seu rosto estava resplandecente por ter falado com o Senhor. **30** Aarão e todos os israelitas viram que Moisés estava com o rosto resplandecente e ficaram com medo de se aproximar dele.

31 Moisés, porém, os chamou; Aarão e todos os chefes da comunidade se aproximaram e Moisés falou com eles. **32** Em seguida, achegaram-se também todos os israelitas e ele lhes comunicou tudo o que o Senhor lhe havia dito no alto do monte Sinai. **33** Logo que Moisés terminou de falar com eles, cobriu seu rosto com um véu.

34 Quando Moisés ia até o Senhor para falar com ele, tirava o véu até sair; ao sair, comunicava aos israelitas as ordens recebidas de Deus. **35** Os israelitas viam, pois, que o rosto de Moisés estava resplandecente. Moisés logo voltava a cobrir seu rosto até voltar para falar novamente com o Senhor.

> Vou expulsar diante de ti os amorreus, os cananeus, os heteus, os ferezeus, os heveus e os jebuseus. Não celebrarás pacto algum com os habitantes da terra em que vais entrar, pois eles poderiam representar uma armadilha para ti.

Manuscrito iluminado de 1507

Neste manuscrito do século 16, uma cena que não está no Êxodo: Deus aparece diante de outros israelitas. O que ocorre é o contrário. Moisés é o único autorizado a olhar diretamente para o Senhor e ouvir sua voz. O povo tem medo de Deus, que se manifesta na forma de raios, trovões e nuvens espessas. Quem invadisse o espaço de Javé morreria na hora.

Construção do santuário

35

Sábado, dia de descanso

1 Moisés convocou toda a comunidade dos israelitas e disse: "Entre outras coisas, o Senhor ordenou o seguinte: **2** Trabalharás durante seis dias, mas o sétimo será um dia de descanso solene, consagrado ao Senhor. Quem trabalhar nesse dia será réu de morte. 3 Nesse dia, não acendereis fogo em nenhuma de vossas casas."

Coleta do material necessário

4 Moisés disse a toda a comunidade dos israelitas: "O Senhor ordenou quanto segue: **5** "Fazei uma coleta para o Senhor. Quem tiver coração generoso ofereça como tributo ao Senhor: ouro, prata, bronze, **6** púrpura violeta e escarlate, carmesim, linho fino, peles de cabra, **7** peles de carneiro curtidas, couro fino, madeira de acácia, **8** óleo para o candelabro, aromas para o óleo de unção e para o incenso aromático, **9** pedras de ônix e pedras de engaste para o efod e para o peitoral. **10** Venham dentre vós todos os que são hábeis para executar tudo o que o Senhor ordenou: **11** o santuário, sua tenda e cobertura, seus ganchos, suas tábuas, barras, colunas e pedestais, **12** a arca e seus varais, o propiciatório de ouro e o véu, **13** a mesa com seus varais e todos os seus acessórios, os pães da proposição, **14** o candelabro da iluminação e seus acessórios, suas lâmpadas, o óleo para a iluminação, **15** o altar do incenso e seus varais, o óleo da unção, o incenso aromático, a cortina da entrada do santuário, **16** o altar do holocausto, a grelha de bronze, seus varais com todos os seus acessórios, a bacia e seu pedestal, **17** as cortinas do átrio, suas colunas e suas bases, a cortina da entrada do átrio, **18** as estacas do santuário, as estacas do átrio com suas cordas, **19** as vestes sagradas para oficiar no santuário, as vestes sagradas para o sacerdote Aarão e as vestes de seus filhos para o exercício do sacerdócio."

20 Então toda a comunidade dos filhos de Israel se retirou da presença de Moisés. **21** Depois, todos os homens de coração generoso e que se sentiam animados levaram ofertas ao Senhor para a construção da tenda da reunião, para seu culto e para as vestes sagradas. **22** Vieram homens e mulheres e, com generosidade, entregaram fivelas, brincos, anéis, braceletes e todo tipo de objetos de ouro, cada um apresentando a oferta de ouro que dedicava ao Senhor. **23** Todos aqueles que tinham em casa púrpura violeta e escarlate, carmesim, linho fino, peles de cabra, peles de carneiro curtidas, couros finos, os traziam. **24** Todos aqueles que podiam fazer uma oferta em prata ou bronze, a traziam como tributo ao Senhor. Todos os que tinham em casa madeira de acácia, útil ao serviço do culto, a traziam. **25** Todas as mulheres habilidosas fiavam com as próprias mãos e traziam seus trabalhos: púrpura violeta e escarlate, carmesim, linho fino. **26** Todas as mulheres, hábeis e dispostas a colaborar, fiavam os pêlos de cabra. **27** Os chefes do povo trouxeram pedras de ônix e pedras de engaste para o efod e para o peitoral, **28** aromas e óleo para o candelabro, óleo de unção e incenso aromático. **29** Todos os israelitas, homens e mulheres, que se sentiam impelidos para contribuir para alguma das obras que o Senhor havia ordenado por intermédio de Moisés, trouxeram de maneira espontânea suas ofertas ao Senhor.

Os projetistas e construtores do santuário

30 Moisés disse aos israelitas: "O Senhor escolheu Beseleel, filho de Uri, filho de Hur, da tribo de Judá **31** e o encheu de espírito superior, de sabedoria, de inteligência e habilidade em seu ofício, **32** capaz de fazer projetos, lavrar o ouro, a prata e o bronze, **33** de lapidar e engastar pedras, entalhar madeira e realizar todo tipo de trabalho. **34** Concedeu-lhe também o dom de ensinar a outros, assim como a Ooliab, filho de Aquisamec, da tribo de Dan. **35** Dotou-os de habilidade para executar todo tipo de obra de arte, como bordar púrpura violeta e escarlate, carmesim, linho fino, além de projetar e realizar toda espécie de trabalho."

36

1 Beseleel, Ooliab e todos os artesãos, a quem o Senhor tinha dotado de inteligência e habilidade para executar todos os trabalhos necessários ao serviço do santuário, realizaram tudo o que o Senhor havia ordenado.

2 Moisés chamou então Beseleel, Ooliab e todos os artesãos, a quem o Senhor tinha dado habilidade e que estavam dispostos a colaborar na execução do projeto. **3** Entregou-lhes todas as ofertas trazidas pelos israelitas para a execução das obras necessárias ao serviço do santuário. Como o povo continuasse a trazer ofertas espontâneas todas as manhãs, **4** os artesãos que executavam os trabalhos do santuário deixaram suas tarefas **5** e foram dizer a Moisés: "O povo traz muito mais do que é necessário para a execução do trabalho que o Senhor ordenou." **6** Moisés mandou então dizer em todo o acampamento: "Que ninguém, nem homem nem mulher, prepare ou traga mais ofertas para o santuário." Assim o povo parou de levar mais coisas, **7** pois o material disponível era mais que suficiente para tudo o que havia a fazer.

O tabernáculo

8 Assim, pois, todos os artesãos se empenharam em construir o santuário com dez cortinas de linho fino retorcido, de púrpura violeta e escarlate e carmesim, com querubins artisticamente bordados. **9** Cada cortina tinha vinte e oito côvados de comprimento, quatro côvados de largura e todas as cortinas tinham as mesmas dimensões. **10** Juntaram as cortinas em conjuntos de cinco. **11** Laços de púrpura violeta foram colocados na orla da cortina que rematava esses dois conjuntos. **12** Foram aplicados cinqüenta laços na primeira cortina e cinqüenta laços na extremidade da última cortina do segundo conjunto, de modo que os laços se correspondiam, contrapostos uns aos outros. **13** As cortinas foram presas umas às outras por cinqüenta ganchos de ouro, de maneira que o santuário formou um todo.

14 Fizeram também onze cortinas de peles de cabra para servir de cobertura à tenda

Atacados pelos amalecitas, os israelitas se reúnem em torno do comandante Josué. Moisés fica no alto de uma colina com o bastão nas mãos e os braços levantados com a ajuda de Aarão e Hur. "Enquanto Moisés ficava com as mãos levantadas, Israel vencia", diz a Bíblia. Esta é apenas uma das muitas batalhas em que Javé demonstraria sua força e a força de seu povo.

do santuário. **15** Cada cortina tinha trinta côvados de comprimento quatro côvados de largura; todas estas cortinas tinham a mesma medida. **16** Cinco foram conectadas num lado e seis no outro. **17** Fizeram cinqüenta laços na borda da última cortina de um desses conjuntos e cinqüenta laços na orla da última cortina do segundo conjunto. **18** Depois fizeram cinqüenta ganchos de metal para unir as peças, de modo que a tenda formasse um só todo. **19** A cobertura da tenda foi feita de peles curtidas de carneiro e, por cima ainda, uma cobertura de couro fino.

20 As tábuas foram feitas de madeira de acácia e as colocaram em posição vertical. **21** Cada tábua tinha dez côvados de comprimento e um côvado e meio de largura. **22** Cada uma delas tinha dois encaixes travados um no outro; assim foi feito com todas as tábuas do santuário.

23 Foram dispostas da seguinte maneira: vinte tábuas para o lado do Negueb, para o sul, **24** com quarenta suportes de prata, à razão de dois por tábua; **25** vinte tábuas do outro lado do santuário, o lado norte, **26** com seus quarenta suportes de prata, dois para cada tábua; **27** seis tábuas para o fundo do santuário, ao ocidente; **28** duas tábuas para os ângulos do santuário, em ambos os lados, **29** emparelhadas desde a base, formando juntas um conjunto até o alto, na altura da primeira argola. **30** Havia, pois, oito tábuas com seus dezesseis suportes de prata, dois para cada tábua. **31** Foram feitas também cinco travessas de madeira de acácia para um dos lados do santuário, **32** cinco travessas para as tábuas do outro lado e outras cinco para as tábuas do fundo do santuário, a ocidente. **33** A travessa central se estendia de uma extremidade à outra, passando na metade da altura das tábuas. **34** Recobriram as tábuas de ouro e também de ouro eram as argolas por onde passavam as travessas; estas também foram revestidas de ouro.

35 Fizeram ainda um véu de púrpura violeta e escarlate, de carmesim e de linho fino retorcido, onde foram artisticamente bordados alguns querubins. **36** Fizeram para ele quatro colunas de madeira de acácia, revestidas de ouro, providas com ganchos de ouro, assentadas sobre quatro suportes de prata.

37 Para a entrada da tenda, fizeram uma cortina de púrpura violeta e escarlate, de carmesim e de linho fino retorcido, artisticamente bordada. **38** Para suspender a cortina, fizeram cinco colunas munidas de ganchos; revestiram de ouro seus capitéis e suas molduras. Suas cinco bases eram de bronze.

37

A Arca da Aliança

1 Beseleel fez a arca de madeira de acácia, com dois côvados e meio de comprimento, um côvado e meio de largura e um côvado e meio de altura. **2** Revestiu-a de ouro puro por dentro e por fora; ao redor, lhe fez uma moldura de ouro. **3** Fundiu quatro argolas de ouro e as colocou nos quatro cantos inferiores da arca, duas de um lado e duas do outro. **4** Fez varais de madeira de acácia, revestidos de ouro, **5** e os fez passar pelas argolas para possibilitar o transporte da arca. **6** Fez também o propiciatório de ouro puro com dois côvados e meio de comprimento por um côvado e meio de largura. **7** Nas duas extremidades, fez dois querubins de ouro batido, **8** um querubim na extremidade de um lado e o outro na outra extremidade, de modo que formavam uma só peça com o propiciatório. **9** Os querubins, com os rostos voltados um para o outro, estendiam suas asas por cima, cobrindo com elas o propiciatório, para o qual tinham seus rostos voltados.

A mesa dos pães

10 Fez também a mesa de madeira de acácia, com dois côvados de comprimento, um côvado de largura e um côvado e meio de altura. **11** Revestiu-a de ouro puro e lhe fez uma moldura de ouro ao redor. **12** Fez-lhe também, ao redor, um enquadramento de um palmo de largura; ao redor dele, fez outra moldura de ouro. **13** Fundiu quatro argolas de ouro e as fixou nos quatro cantos formados por seus pés. **14** As argolas, por onde passavam os varais para transportar a mesa, ficavam junto às molduras. **15** Fez, pois, os varais de madeira de acácia, revestidos de ouro, para o transporte da mesa. **16** Os utensílios que deviam ser colocados sobre a mesa os fez de ouro puro: os pratos, as bandejas, as jarras e as taças necessárias às libações.

O candelabro

17 Fez o candelabro de ouro puro com seu pedestal e haste, todo de ouro batido: cálices, botões e flores que formavam uma só peça com ele. **18** Seis braços saíam de seus lados; três braços de um lado do candelabro e três do outro. **19** Cada braço tinha três cálices com o formato de flores de amendoeira, com botão e flor; e três cálices com flor de amendoeira do outro lado, com botão e flor; assim eram os seis braços que saíam do candelabro. **20** O candelabro tinha quatro cálices em forma de flor de amendoeira com botão e flor; **21** um botão sob os dois primeiros braços que saíam do candelabro, um botão sob os dois braços seguintes e um botão sob os dois últimos braços; assim se fez para os seis braços que saíam do candelabro.

22 Os botões e os braços formavam uma só peça com o candelabro e tudo era feito num só bloco de ouro puro batido. **23** Fez ainda sete lâmpadas com os acendedores e apagadores que eram de ouro puro. **24** Na confecção do candelabro, com todos os seus acessórios, empregou um talento de ouro puro.

O altar do incenso

25 Fez o altar do incenso de madeira de acácia. Era quadrado e tinha um côvado de comprimento e um de largura; sua altura era de dois côvados; as pontas formavam uma só peça com ele. **26** Revestiu de ouro puro a parte superior, as paredes em volta e as pontas; fez ainda uma moldura de ouro em volta. **27** Fez também duas argolas de ouro, fixadas abaixo da moldura nos dois lados, para receber os varais de transporte. **28** Fez os varais de madeira de acácia e os revestiu de ouro. **29** Preparou também o óleo para a unção sagrada e o incenso aromático, composto segundo a arte do perfumista.

O altar dos holocaustos

38

1 Fez o altar dos holocaustos de madeira de acácia; era quadrado e tinha cinco côvados de lado e três côvados de altura. **2** Nos quatro cantos, fez saliências recurvadas que formavam uma só peça com o altar e as revestiu de bronze. **3** Fez também todos os acessórios do altar: recipientes para recolher as cinzas, pás, bacias, garfos, braseiros, tudo de bronze. **4** Fez também para o altar uma grelha de bronze, em forma de rede, e a colocou debaixo da borda externa do altar, de modo que atingia a metade da altura do altar. **5** Fundiu quatro argolas para as quatro extremidades da grelha de bronze, destinadas a receber os varais. **6** Estes, os fez de madeira de acácia

Construção do santuário

Afresco de Francesco Salviati (século XVI) - Igreja Santa Maria dell'Anima, Roma, Itália

Moisés é figura de referência para os cristãos, que o consideram, com razão, um profeta de referência para a humanidade. Isso fica claro nos evangelhos de Lucas, Mateus e Marcos, que relatam o episódio da transfiguração: diante de três de seus apóstolos, no alto de um monte, Jesus aparece resplandecente, conversando com Moisés e o profeta Elias.

e os revestiu de bronze. **7** Introduziu os varais nas argolas, postas ao longo do altar, para poder transportá-lo. O altar era de tábuas e oco.

8 Fez também a bacia de bronze e seu pedestal com os espelhos das mulheres que se reuniam para servir na entrada da tenda da reunião.

O átrio

9 Depois fez o átrio. Do lado que dá para o Negueb, o sul, fez cortinas de linho fino retorcido, numa extensão de cem côvados, **10** bem como vinte colunas sobre vinte pedestais de bronze; os ganchos das colunas e suas travessas eram de prata. **11** Do lado norte, fez cortinas numa extensão de cem côvados e havia vinte colunas com seus pedestais de bronze, mas os ganchos e as travessas eram de prata. **12** Do lado do ocidente, as cortinas cobriam uma extensão de cinqüenta côvados e havia dez colunas com seus dez pedestais; os ganchos das colunas e as travessas eram de prata. **13** À frente, do lado oriental, as cortinas cobriam cinqüenta côvados de extensão; **14** de um lado da entrada, as cortinas cobriam quinze côvados de extensão, com três colunas e três pedestais; **15** do outro lado da entrada do átrio, outros quinze côvados de cortinas com suas três colunas e três pedestais. **16** Todas as cortinas do átrio eram de linho fino retorcido. **17** Os pedestais das colunas eram de bronze, os ganchos e suas travessas eram de prata e o revestimento de seus capitéis era de prata. Todas as colunas do átrio eram ligadas entre si por vergas de prata.

18 A cortina da entrada do átrio era bordada e feita de púrpura violeta e escarlate, de carmesim e de linho fino retorcido; tinha vinte côvados de comprimento por vinte côvados de altura, como as cortinas do átrio.

19 Suas quatro colunas com seus pedestais eram de bronze, seus ganchos eram de prata, bem como era de prata o revestimento de seus capitéis e de suas vergas. **20** Todas as estacas que rodeavam o santuário e o átrio eram de bronze.

Balanço dos metais utilizados

21 Este é o total do material utilizado na construção do santuário da aliança, registrado pelos levitas por ordem de Moisés e sob a direção de Itamar, filho do sacerdote Aarão. **22** Beseleel, filho de Uri, filho de Hur, da tribo de Judá, fez tudo quanto o Senhor tinha ordenado a Moisés, **23** com o auxílio de Ooliab, filho de Aquisamec, da tribo de Dan, artesão, desenhista, bordador em púrpura violeta e escarlate, em carmesim e em linho fino.

24 Todo o ouro gasto na obra do santuário, ouro provindo das ofertas, foi de vinte e nove talentos e setecentos e trinta siclos, conforme o siclo padrão do santuário. **25** A prata recolhida dos recenseados da comunidade foi de cem talentos e mil e setecentos e setenta e cinco siclos, conforme o siclo padrão do santuário.

26 Isto corresponde a uma beca por cabeça, ou seja, meio siclo do padrão do santuário, recolhida de todos os que foram recenseados, de vinte anos para cima, num total de seiscentos e três mil e quinhentos e cinqüenta homens. **27** Foram empregados cem talentos de prata para fundir as bases do santuário e os suportes das cortinas, cem pedestais para os cem talentos, isto é, um talento por pedestal.

28 Com os mil e setecentos e setenta e cinco siclos restantes, foram feitos os ganchos das colunas, o revestimento dos capitéis e as vergas de junção. **29** O bronze das ofertas totalizou setenta talentos e dois mil e quatrocentos siclos. **30** Com ele foram feitos os suportes colocados à entrada da tenda da reunião, o altar de bronze com sua grelha e todos os utensílios do altar, **31** as bases ao redor do átrio, todas as estacas do santuário e todas as estacas do recinto do átrio.

39

As vestes sacerdotais

1 Fizeram as vestes de cerimônia para o serviço do santuário e os ornamentos sagrados para Aarão de púrpura violeta e escarlate, de carmesim e linho fino, como o Senhor havia ordenado a Moisés.

2 O efod foi feito de ouro, de púrpura violeta e escarlate, de carmesim e de linho fino retorcido. **3** Bateram o ouro em lâminas finas e as cortaram em filetes para trançá-las com a púrpura violeta e escarlate, com o carmesim e o linho fino retorcido, num trabalho artístico. **4** Fizeram-lhe ombreiras que se uniam pelas extremidades. **5** O cinto que passava sobre o efod formava com ele uma só peça e era de igual confecção: ouro, púrpura violeta e escarlate, carmesim, linho fino retorcido, como o Senhor ordenara a Moisés. **6** Prepararam as pedras de ônix engastadas em ouro e gravaram nelas, como num selo, os nomes dos filhos de Israel.

7 Foram colocadas sobre as ombreiras do efod, como símbolo dos filhos de Israel, como o Senhor ordenara a Moisés.

8 Foi feito o peitoral, obra de arte como o efod, de ouro, de púrpura violeta e escarlate, de carmesim e de linho fino retorcido. **9** Era quadrado e duplo, com um palmo de comprimento e um de largura. **10** Engastaram nele quatro fileiras de pedras; uma com um sárdio, um topázio e uma esmeralda; **11** a segunda com um rubi, uma safira e um diamante; **12** a terceira com um jacinto, uma ágata e uma ametista; **13** a quarta com um berilo, um ônix, um jaspe. Elas estavam engastadas em filetes de ouro. **14** Correspondendo aos nomes dos filhos de Israel, eram em número de doze e em cada uma constava o nome de uma das doze tribos, gravados como num sinete. **15** Fizeram também para o peitoral correntes de ouro puro, trançadas como cordões **16** e ainda dois engastes e duas argolas de ouro que foram fixadas nas duas extremidades do peitoral.

17 Passaram as duas correntes de ouro pelas duas argolas, nas duas extremidades do peitoral. **18** Nos dois engastes, fixaram outras duas pontas das correntes e as colocaram sobre as ombreiras do efod, na parte da frente. **19** Fizeram também duas argolas de ouro e as puseram nas duas extremidades inferiores do peitoral, junto ao efod. **20** Fizeram mais duas argolas de ouro e as puseram nas duas ombreiras do efod, na parte inferior dianteira, perto de sua juntura sobre o cinto do efod. **21** Prenderam suas argolas com aquelas do efod por meio de uma fita de púrpura violeta, a fim de fixar o peitoral no cinto do efod, de modo que dele não pudesse se separar, como o Senhor havia ordenado a Moisés.

22 Foi feito também o manto do efod, inteiramente

> "O efod foi feito de ouro, de púrpura violeta e escarlate, de carmesim e de linho fino retorcido. Bateram o ouro em lâminas finas e as cortaram em filetes para trançá-las com a púrpura violeta e escarlate, com o carmesim e o linho fino retorcido, num trabalho artístico."

tecido de púrpura violeta. ²³ Havia, no meio do manto, uma abertura, como a de um colete. Esta abertura tinha uma barra à sua volta, para que não se rasgasse. ²⁴ Na parte inferior do manto, afixaram romãs de púrpura violeta e escarlate, de carmesim e de linho fino retorcido. ²⁵ Fizeram também campainhas de ouro puro, dispostas entre as romãs na orla inferior do manto: ²⁶ uma campainha e uma romã, outra campainha e outra romã, em toda a borda inferior do manto que era usado no serviço religioso, como o Senhor ordenara a Moisés.

²⁷ Para Aarão e seus filhos fizeram também túnicas tecidas de linho fino, ²⁸ o turbante de linho, os barretes de linho com enfeites e os calções de linho fino retorcido. ²⁹ O cinto era de linho fino retorcido, de púrpura violeta e escarlate e de carmesim, como o Senhor havia ordenado a Moisés.

³⁰ Fizeram também, de ouro puro, a lâmina do diadema da consagração e nela gravaram como num selo: "Consagrado ao Senhor."

³¹ Prenderam-na com uma fita de púrpura violeta, de modo que ficasse sobre o turbante, na parte da frente, como o Senhor havia ordenado a Moisés.

Apresentação da obra a Moisés

³² Assim foram terminados todos os trabalhos do santuário e da tenda da reunião. Os israelitas tinham executado tudo conforme as ordens passadas a Moisés pelo Senhor.

³³ Apresentaram a Moisés o santuário, a tenda e todos os seus acessórios: ganchos, tábuas, varais, colunas e bases; ³⁴ a cobertura de peles de carneiro curtidas, a cobertura de couro fino e o véu de separação; ³⁵ a arca da aliança, seus varais e a tampa; ³⁶ a mesa com todos os seus utensílios e os pães da proposição; ³⁷ o candelabro de ouro puro com suas lâmpadas em ordem, com seus acessórios e o óleo para o candelabro; ³⁸ o altar de ouro, o óleo da unção, o incenso aromático e a cortina da entrada da tenda; ³⁹ o altar de bronze com a grelha de bronze, os varais com seus acessórios, a bacia e seu pedestal; ⁴⁰ as cortinas do átrio, as colunas com seus pedestais, a cortina da entrada do átrio, suas cordas, seus ganchos e todos os utensílios do serviço do santuário para a tenda da reunião; ⁴¹ as vestes sagradas para oficiar no santuário, as sagradas vestes do sacerdote Aarão e as vestes de seus filhos para exercerem o sacerdócio. ⁴² Os filhos de Israel fizeram todos os trabalhos em total conformidade com quanto o Senhor tinha ordenado a Moisés. ⁴³ Este examinou todo o trabalho e viu que o tinham feito como o Senhor ordenara. Então Moisés os abençoou.

Consagração do santuário

40

¹ O Senhor disse a Moisés: ² "No primeiro dia do primeiro mês, erguerás o santuário da tenda da reunião. ³ Colocarás nele a arca da aliança e a ocultarás com o véu. ⁴ Depois colocarás a mesa e disporás o que está previsto sobre ela. Colocarás o candelabro e acenderás suas lâmpadas. ⁵ O altar de ouro para o incenso deverá ser colocado diante da arca da aliança e então instalarás o véu na entrada do santuário. ⁶ Colocarás o altar dos holocaustos diante da entrada do santuário, da tenda da reunião.

⁷ Colocarás a bacia entre a tenda da reunião e o altar e a encherás de água. ⁸ Depois farás o recinto do átrio e disporás a cortina à entrada do átrio.

9 Tomarás então o óleo da unção e com ele ungirás o santuário e tudo o que há dentro dele; e o consagrarás com todos os seus utensílios e ele ficará consagrado. **10** Ungirás também o altar dos holocaustos com seus utensílios e o altar ficará santíssimo. **11** Então ungirás a bacia e seu pedestal, consagrando-as.

12 Depois farás com que Aarão e seus filhos se aproximem da entrada da tenda da reunião e os lavarás com água, **13** revestindo Aarão com as vestes sagradas, ungindo-o e consagrando-o para que exerça meu sacerdócio. **14** Farás com que seus filhos se aproximem e lhes vestirás as túnicas, **15** os ungirás como ungiste ao pai deles para que exerçam meu sacerdócio. A unção lhes conferirá o sacerdócio perpétuo em todas as suas gerações."

Moisés executa as ordens de Deus na construção do santuário

16 Moisés fez tudo o que o Senhor lhe havia ordenado. **17** Assim, no primeiro dia do primeiro do mês do segundo ano, o santuário foi erguido. **18** Moisés ergueu o santuário, colocou as bases, fixou as tábuas com suas travessas e assentou as colunas. **19** Estendeu a tenda sobre o santuário, pôs a cobertura da tenda, como o Senhor ordenara a Moisés. **20** Colocou o documento da aliança na arca, introduziu os varais e depositou sobre ela o propiciatório. **21** Introduziu a arca no santuário, levantou o véu para ocultá-la, como o Senhor lhe havia ordenado. **22** Colocou a mesa na tenda da reunião, na parte norte do santuário e do lado de fora do véu, **23** e sobre ela depositou os pães oferecidos a Deus, como o Senhor lhe havia ordenado. **24** Pôs o candelabro na tenda da reunião, na frente da mesa, do lado sul do santuário **25** e acendeu as lâmpadas diante do Senhor, como o Senhor lhe havia ordenado. **26** Colocou o altar de ouro na tenda da reunião, diante do véu, **27** e sobre ele queimou incenso aromático, como o Senhor lhe ordenara. **28** Depois colocou a cortina na entrada do santuário **29** e colocou o altar dos holocaustos na entrada do santuário, da tenda da reunião, oferecendo sobre ele o holocausto e oferta, conforme o Senhor lhe ordenara. **30** Colocou a bacia entre a tenda da reunião e o altar, enchendo-a de água para as abluções.

31 Moisés, Aarão e os filhos deste lavaram nela suas mãos e seus pés. **32** Quando entravam na tenda da reunião e se aproximavam do altar, faziam suas abluções, como o Senhor ordenara a Moisés. **33** Ao redor do santuário e do altar, Moisés levantou o átrio e colocou a cortina na entrada. Desse modo, Moisés terminou sua tarefa.

Deus toma posse do santuário

34 Então a nuvem cobriu a tenda da reunião e a glória do Senhor encheu o santuário. **35** Moisés não pôde entrar na tenda da reunião, porquanto a nuvem pairava sobre ela e a glória do Senhor enchia o santuário.

Uma nuvem guia os israelitas no deserto

36 Durante todo o curso de suas viagens, os israelitas se punham em movimento quando a nuvem se levantava acima do santuário. **37** Se a nuvem, porém, não se elevava, também eles não partiam, até o dia em que ela se elevasse. **38** De dia, a nuvem do Senhor pousava sobre o santuário e, de noite, havia um fogo na nuvem, visível a todos os israelitas.

Charlton Heston em cena de Os Dez Mandamentos, filme de 1956, dirigido por Cecil B. DeMille

TV e cinema

O Êxodo fornece matéria-prima para a indústria do cinema desde o começo do século 20. O diretor Cecil B. DeMille conduziu duas superproduções, em 1923 e 1956 — a segunda versão eternizou Charlton Heston no papel do profeta.

TV e cinema

FOX FILM DO BRASIL / DIVULGAÇÃO

Uma das versões mais ousadas chegou às telas em 2015: é

Êxodo: Deuses e Reis, do diretor Ridley Scott, com Christian Bale como protagonista

TV e cinema

No Brasil, Guilherme Winter viveu Moisés na novela televisiva Os Dez Mandamentos, adaptada para os cinemas com grande sucesso.

TV e cinema

Impressão e Acabamento
Gráfica Oceano
2016